KB128563

호모메디타티오

명상하는 인간

Homo Meditatio

호모메디타티오
명상하는 인간

정지욱 지음

學古房

목 차

들어가는 말 왜 명상인가?   7

Ⅰ. 소비하는 인간(호모 콘수무스)
1. 소비사회의 도래   17
2. 소비시대의 인간   24
  과소유증후군   24
  쫓기듯 바쁜 삶   28
3. 소비에서 명상으로   34

Ⅱ. 인간 존재의 괴로움(苦)
1. 괴로움(苦)의 원인 : 탐진치 3독   46
2. 내 탓이오!   50

Ⅲ. 세계(존재)의 실상
1. 세계의 참 모습 : 연기·무아   59
2. 마음의 구조   72
  표층의식-에고   72
  심층의식-불성, 진여   75

Ⅳ. 명상하는 인간(호모 메디타티오)

1. 명상 수행에 앞서	87
명상의 기원 및 전개	87
명상의 현황	92
명상의 효과	99
현재	102
호흡	111
2. 사마타와 위빠사나	116
3. 위빠사나 명상의 원리	123

Ⅴ. 명상수행

1. 명상 준비	135
2. 집중	139
좌정시 집중 훈련	142
일상에서의 집중 훈련	147
3. 알아차림	153
좌정시 알아차림 훈련	157
일상에서의 알아차림 훈련	164

Ⅵ. 새로운 삶

	177

후기	181

왜 명상인가?

혹시 별 것 아닌 일에도 욱하거나 짜증내지는 않으십니까? 지나간 옛 일을 곱씹으며 후회와 분노로 고통스러워하거나, 미래에 대한 불안과 초조로 마음 졸이면서 아까운 시간을 보내고 있지 않으십니까? 쫓기듯 바쁜 삶을 살면서 스트레스로 인한 갖가지 마음의 질환을 가지고 계십니까? 욕심 부리고, 자존심 내세우고, 감정에 휘둘리고, 자기 이익에 매달려 살고….

그렇게 살아온 수십 년을 돌아보며 과연 행복했다고 말할 수 있는지요? 그렇지 않다면, 이제는 삶의 태도를 바꿔야 한다고 생각하지 않습니까? 그렇다면 새로운 삶을 위한 여정의 출발선에 서십시오. 명상이 그 길을 안내해드릴 것입니다. 명상은 붓다나 성인이 되기 위해서 하는 것만은 아닙니다. 마음의 습관을 바꿈으로써 잘못된 곳을 자기 스스로 치유해가는 기적과 같은 일입니다. 우리의 바람과 현실을 한 점으로 모아주는 묘약이지요.

할 일 없이 앉아서 눈감고 뭐하는지 모르겠다, 한가한 인간들의 시간 죽이기 아닌가 하고 명상을 비웃는 사람들이 있습니다. 그러나 그들은 명상을 통해, 자의적이고 이기적이며 비교·분리를 능사로 여기는 에고를 밀어내고 심층의식을 불러내는 중입니다. 용서하고 이해하며, 사랑하고 공감할 수 있는 심층의식을 불러내고자 힘든 가부좌를 틀고 앉아있는 것입니다. 명상을 통해 잘못된 마음의 습관, 그리고 거기서 비롯되는 '괴로움(苦)'을 제거함으로써 탐욕과 증오와 이기심들로부터 자유로워집니다. 명상이 깊어질수록 우리는 더 온화하고 관대해지며 모든 것을 받아들이고 사랑할 수 있게 됩니다. 명상이 필요한 이유입니다.

혹자는 눈부시게 변하고 있는 21세기에 고리타분하고 비과학적인 명상을 운운하는 것이 타당하냐고 핀잔하기도 합니다. 과연 과학기술은 하루가 다르게 발전하고 있습니다. 인간의 편의를 돕는 기기들이 끊임없이 발명되고 있으며, 심지어는 유전자 가위의 등장으로 인간의 생명이 수백 년 아니 영생도 가능해졌다고 말하기까지 합니다. 인공지능(AI), 사물인터넷(IoT)은 인간을 노동으로부터 해방시켜줄 거라는 장밋빛 꿈에 부풀어있기도 합니다. 그러나 그것은 말 그대로 편의를 제공할 뿐이지 행복을 가져오는 것은 아닙니다. 그 편의도 매우 단기간 적인 것이고요.

지금 우리가 그리는 미래는 놀라운 세계일지 모르나, 그때 태어나는 미래 사람들에게는 단지 평범한 일상일 뿐입니다. 그들은 평범한 일상을 변화시켜 줄 새로운 기술혁신에 심혈을 기울이느라 바쁘겠죠. 그리고 지금의 우리들과 다름없이 불안과 불만 그리고 괴로움에 묻혀 살아갈 것입니다. 인간의 신체와 정신이 완전히 디지털화되는 최첨단 시대가 와도 인간의 부정적 측면(갈등, 불안, 투쟁 등)은 계속될 것이라는 주장이 있습니다. 저 역시 이에 동의합니다. 그렇다면 아무리 과학이 발달하고 경제가 성장해도 인간의 불안한 마음을 평온으로 이끌어줄 명상은 여전히 필요합니다. 아니, 지금까지의 역사적 과정을 반추해볼 때 오히려 더욱 중요해질 것이라 감히 확신합니다. 그 어떤 시대가 와도 인간은 신이 아니라 인간일 수밖에 없으며, 그렇다면 인간적 괴로움을 소멸시켜줄 명상은 여전히 필요할 것이기 때문입니다.

그런데 안타깝게도 주위 환경이 우호적이지는 않습니다.

탄생 이래 눈부신 성장에 성장을 거듭해온 자본주의는 물질만능주의의 '소비시대'를 활짝 열어놓았습니다. 자본주의를 유지하기 위한 버팀목으로서의 '소비'는 계속 증가하여 이제 우리 삶의 중심으로 자리했습니다. 우리 활동의 대부분은 더 많이 소비하고 더 많이 소유하기 위한 재화를 벌어들이는 데 집중되어 있습니다. 소비(소유) 증대와 이를 위한 부의 축적은 우리 현대인들이 추구하는 삶의 목적이 된지 이미 오래지요. 그러나 그것이 목표로 하는 행복, 마음의 평화는 오지 않았습니다. 단지 물질적 편리와 순간적 쾌락만을 안겨 주었을 뿐이죠. 게다가 경쟁과 폭력을 조장하고 환경파괴를 초래하였으며, 뿌리 깊은 물질만능주의에의 경도와 양극화의 골을 깊게 만들어놓았습니다. 그럼에도 불구하고 여전히 경제의 무한성장만을 외치고, 소비의 확대가 만병통치약인 듯 선전하고 있습니다.

현대 자본주의하에서의 '소비'는 모든 외적 대상들에 대한 탐욕의 상징입니다. 인간의 탐욕이 이 시대에 들어와 '소비'라는 풍조 속에 총체적으로 담겨 있는 것이죠. 여기에 물든 현대인들은 외적으로는 비대해졌지만, 정신적·영적 능력은 점점 왜소해져만 갑니다. 이와 함께 행복은 점점 우리 시야에서 사라졌습니다. 이제 그것이 어디에 있는지도, 어떻게 해야 오는지도, 급기야 그것이 필요한지조차도 잊어버렸습니다.

인간은 왜 이렇게 되었을까요? '불안' 때문입니다.

인간은 태생적으로 '불안'을 감지합니다. 아무리 발버둥

처도 어쩔 수 없이 유한한 존재이며 따라서 죽음을 맞이할 수밖에 없다는 것, 본원적으로 세계(타인)와의 균열을 넘어설 수 없다는 것, 영원과 절대의 상징인 신으로부터 분리된 존재라는 것에서 숙명적으로 공허함, 부조리, 유한성을 느끼기 때문이지요. 이런 인간 존재의 특징을 '실존'이라고 합니다. '실존적 인간'은 한계상황에서 오는 '불안'을 느끼고, '안정'을 취하기 위해 자신을 강고하게 붙들어 맬 어떤 것을 찾아 헤맵니다. 급기야 부, 권력, 절대적 신, 무소불위의 국가, 타인 등에 자신을 일치시키고 거기에 병적으로 집착하는 형태를 취합니다. 타인을 강력히 지배하거나 아니면 타인에게 굴종하고 예속되어 동일시를 꾀하려 한다거나, 부와 권력에 목숨을 걸기도 하고, 절대적이고 무조건적인 신을 받아들여 사이비종교에 탐닉하기도 합니다. 국가나 민족을 절대시하는 경향을 보이는 경우도 있지요. 앞서 말했듯 현대 자본주의사회에서는 '소비(소유)'야말로 불안한 인생의 닻줄을 매어둘 가장 강력하고 매력적인 지지대입니다.

이런 물질 우선의 가치관이 명상으로 향하는 길목을 가로막고 있습니다. 물질만능주의에 젖어 있는 우리 눈에, 명상은 타올라야 할 욕망의 불꽃에 물을 끼얹는 반역입니다. 남보다 앞서고 그래서 더 많이 벌고 더 많이 소비하려는 의지에 족쇄를 채워버리는 금기인 것이죠.

그러나 행복은 마음의 문제입니다. 재물이 아무리 많아도 '마음'과 함께하지 않는다면 행복할 수 없습니다. 그렇다면 이제 우리 삶의 모습을 냉철히 되돌아보고 새로운 길을 모색해야 할 때입니다. 더 늦기 전에 외부로 향한 눈을 내부로 돌려야할 때인 것이죠. 물질 소비에 대한 욕구가 우리 가슴을 가득 채우고 있는 이때야말로 적기입니다.

먼 옛날의 고대 인류에게는 명상이 필요 없었을 겁니다. 상황에 맞추어 자연스럽게 심층의식과 표층의식이 발현되었으니까요. 표층의식의 과도한 확장으로 이것이 불가능해지면서 심층의식을 불러내기 위한 훈련법으로서의 명상이 등장합니다. 그 방법들이 다기화(多岐化)되고 축적되면서 각 지역마다 집단마다 독특한 자기만의 체계로 전승됩니다.

붓다는 요가전통의 명상법을 계승합니다. 그러나 그대로 받아들이지는 않았습니다. 자신의 창의적 방법으로 거기에 변형을 가했습니다. 이전의 명상법이 주로 '집중'에 전념했다면, 그는 '알아차림'이라는 독특한 방법에 열중했습니다. 그 결과는 매우 긍정적이었습니다. 이 명상법을 통해 세상이 '연기(緣起)'라는 걸 알았고 '무아(無我)'임을 자각했으니까요.

그것을 우리는 '위빠사나' 명상이라고 부릅니다. "내 의식에서 떠오르는 생각들을 아무 판단 없이 그저 바라보라."는 간단한 원리는, 그러나 정신사에 있어 위대한 혁명이었습니다. 이제 우리도 구원에 이를 수 있는 명상법을 갖게 된 것입니다.

이 책에서는 먼저 소비시대의 문제점을 간단히 지적한 뒤 중심 주제인 명상으로 들어가게 됩니다. 명상의 종류도 다양하지만 이 책은 위빠사나 명상을 다룰 것입니다. 괴로움을 일으키는 마음의 습관을 바꿔, 어떤 것에도 구애받지 않는 '자유로움'을 가져다주는 가장 합리적인 명상법이라고 생각하기 때문입니다. 단, 명상의 기술적 측면보다는 왜 명상이 필요한가, 다시 말해 명상은 과연 삶의 괴로움을 덜어줄 수 있는가, 그 이론적 근거는 무엇이며, 그 효과는 어디서 어떻게 오는가. 그것을 위해서는 어떤 점에 주의하고, 일상생활 속에서는 어떻게 훈련해가야 하는가 하는 문제들에 초점을 맞추어 서술하였습니다. 특히 명상을 통해 고통을 초래하는 마음의 습관을 약화·소멸시키고 새로운 습관을 익힐 수 있다는 현실적 효과에 방점을 두고 서술하려 노력하였습니다.

I
• • • • • •

소비하는 인간(호모 콘수무스)

"나라를 작게 하고 백성의 수를 적게 하라. 그리하여 백성들로 하여금 많은 기물이 있어도 사용할 필요가 없게 하고, 죽음을 중히 여겨 멀리 떠나지 않게 하라. 그러면 배와 수레가 있어도 탈 일이 없고, 갑옷과 병사가 있어도 그것을 펼 곳이 없게 된다."

'소국과민(小國寡民)'으로 칭해지는 노자 『도덕경』(80장)의 유명한 구절입니다. 그는 왜 "양국이 서로 바라다 보이고 닭과 개소리가 들려도 왕래하지 않는 작고 폐쇄된 나라"를 이상적인 국가 형태라고 소리 높여 외쳤을까요?

1. 소비사회의 도래

영국의 역사학자 프랭크 트렌트만(Frank Trentmann)은 "소비는 생산의 그림자에서 빠져나왔다."고 하면서, '소비하는 인간(Homo consumus)'이 '만드는 인간(Homo faber)'을 대체하였음을 선언하였습니다. 바야흐로 소비의 시대(소비 사회)가 도래한 것이죠.

꼭 그의 말이 아니더라도, 현대인의 특징을 한마디로 '호 모 콘수무스' 즉 '소비하는 인간'으로 규정해도 무방하지 않 나 생각합니다. 물론 인류 역사에 '소비'가 없었던 적은 없고, '소비시대'에서도 생산은 중요합니다. 생산량도 전에 없이 증가했고요. 다만 현대를 '소비시대'라고 칭하는 이유는 소 비가 삶의 중심에 놓여 있고 소비의 가치가 유래 없이 부각 된 시대라는 의미입니다. 사실 요즘처럼 소비가 각광받고 중 요한 시대는 일찍이 없었습니다. 이전에는 소비보다는 오히 려 절약·저축이 강조되던 시대였지요.

저도 어렸을 때 절약과 저축에 관한 표어를 하루에도 몇 번씩 보면서 자랐습니다. 학교 수업시간에는 포스터를 그리 기도 했고요. 그때는 저축을 장려하고자 개개인의 저축액을 교실 뒤편 게시판에 막대그래프로 그려놓고 경쟁심을 유발 하기도 했습니다. 당시 소비는 '악덕'이었습니다. 그러나 이 제 소비는 오명을 털어내고 '미덕'으로 변신하는데 성공했 죠. 대신 절약이 '악덕'의 자리에 앉게 되었으니 역사의 아이 러니라고 할까요. 박혜영이 말하듯, 소박하고 겸손한 삶이 우리 시대만큼 비웃음거리가 된 적이 없으며, 우리 시대만큼

18

필요와 잉여의 한계가 사라지고 소비와 낭비의 경계가 흐려진 적도 없습니다.[1]

생산과 소비는 밀접하게 연관되어 있는 개념인데 '소비시대'라는 게 도대체 무슨 의미를 가질 수 있을까 의아해 하는 사람도 있습니다. 그러나 '생산시대'라 칭할 때와 '소비시대'라 칭할 때는 그 방점이 전혀 다릅니다. '생산시대'는 생산이 점차 확대될 필요가 있고 그래서 생산에 주력하던 시대를 말합니다. 이때 증가된 생산물은 충분히 소비될 수 있었습니다. 이에 반해 '소비시대'는 생산이 점점 확대되어, 인간의 기본적 소비욕구를 충족시키고도 남아도는 과잉 생산물을 어떻게든 소비해야하는 시대를 말합니다.

이 시대에는 이미 기본적 소비 욕구를 충족한 사람들에게 더욱 소비를 부추기고 확대시키고자 인간의 의식을 바꿀 필요성이 대두하였습니다. 안분지족하고 근검절약하는 인간을 낭비하고 과시하기 좋아하는 소비자로 바꾸어 놓아야 했던 것이죠. 이에 국가와 기업은 인간의 구매 욕구를 부추기기 시작했습니다. 기본 욕구를 해결한 사람들로 하여금 사치와 낭비로 눈을 돌리게 했던 것입니다. 사치와 낭비가 곧 안락함과 풍요라는 모순된 논리로 말이죠.

---

1) 박혜영, 『느낌의 0도』, 돌베개, 76쪽.

그 대표적 예로 '광고'를 들 수 있습니다.

기본적 욕구 이상의 소비를 위해서는 구매자에게 즐거움과 쾌락만이 아니라 사회적 지위와 특권 그리고 힘까지도 안겨주어야 했습니다. 광고가 바로 이 역할을 담당하였습니다. 광고는 개인의 소비 욕구를 사회적 성공과 품위 있는 문화생활에 연결함으로써 소비를 통한 가치관의 변화를 시도하였던 것이죠.

광고는 다른 사람의 욕망을 자신의 욕망으로 간주하는 착시현상을 일으킵니다. 유명배우가 부잣집 거실에 놓인 값비싼 소파에 앉아, 최신식 에어컨을 틀어놓고 커피를 마시며 여유로운 웃음을 날립니다. 이 광고를 보고 우리는 광고 속의 소파나 에어컨을 사면 그 유명배우처럼 멋있고 안락한 삶이 가능하리라는 꿈에 젖습니다. 욕망의 기만 바로 그것이죠. 결국 지갑을 열고 맙니다. 올더스 헉슬리는 "광고의 유일한 목적은 욕망이 침묵하는 것을 막는 것"이라며, 광고는 대량생산을 위한 기술 발전 시스템의 조건을 마련하기 위한 인류의 탐욕을 연장하고 심화시키기 위한 조직적인 노력이라고 규정합니다.

광고와 함께 '백화점'도 빼놓을 수 없는 예 중의 하나입니다.

19세기 중엽, 물건을 쾌적하게 쇼핑하고 살 수 있는 공간으로서의 '백화점'이라는 것이 등장합니다. 백화점의 출현은

20

소비문화 발달과정에서 중요한 사건이었습니다. 대량생산된 물건을 처분할 수 있는 판로가 마련된 것이죠. 효율적인 판매를 위해 고안된 성공작이었습니다.

백화점은 이전의 상점과 달리 둘러보기가 가능했습니다. 신기하게 들리겠지만 이전에는 상점에 들어가면 무조건 사야했습니다. 상점에 들어서는 순간 이미 상점 주인의 노동이 시작되는 것이고, 이에 대한 응분의 대가는 물건을 사는 것이었습니다. 이런 상황에서 백화점의 출현은 혁신 그 자체였습니다. 마음대로 아이쇼핑이 가능했습니다. 그것도 다양한 상품을 한 곳에 상품별로 진열하여 편의성과 함께 구매욕을 최대한 끌어냈습니다. 교통의 요지에 들어선 그곳에서 사람들은 필요가 아니라 유행과 충동에 따라 소비욕구를 충족시키기 시작했습니다.

이후 현대에 들어오면서 더욱 집요하고 광범위한 전략으로 소비 욕구를 부추기고 있습니다.

일례로 한 번 쓰고 버리는 '일회용 소비문화'를 들 수 있습니다. 사실 소비의 편의성만 앞세운 일회용품은 많은 문제를 갖고 있습니다. 물건을 아껴 오래 쓰는 것이 아니라 다시 사면된다는 낭비벽을 조장하였을 뿐 아니라 심각한 환경문제를 초래하였습니다. 예를 들어 나무젓가락 1년분을 사용하기 위해 한·중·일 3국에서만도 수천만 그루의 나무가 필요하다고 합니다. 일회용으로 사용되는 비닐과 플라스틱 역시 심각한 환경문제를 발생시키죠. 2018년 인도네시아와 스페인 남부 해안가에서 발견된 죽은 고래 뱃속에는 수 킬로그램의 플라스틱 쓰레기가 들어있을 정도였습니다. 바다는 미세 플라스틱의 집적지가 된지 이미 오래고요.

최근 들어서는, 정기(바겐)세일, 인터넷(또는 홈)쇼핑, 신용카드 등의 형태로 소비를 부추깁니다. 기업의 최고 전략은 '소비자에게 욕망이란 이름의 먹이를 던져주는 것'이라는 말이 있을 정도지요.

게다가 이와 같은 소비사회는 새로 산 물건을 일정 기간이 지나면 버리고 다시 사도록 하는 얄팍한 수법도 기획했습니다. 상품의 교체 주기를 짧게 하기 위해 (그럴 능력이 있음에도 불구하고) 오래 사용하지 못하도록 만드는 것이죠. 초기에는 나일론스타킹이 대표적이었으나 요즘은 가전제품을 비롯한 수많은 제품들이 그렇게 만들어집니다. 휴대폰을 보시면 잘 알 수 있을 겁니다. 이처럼 고의로 물건의 수명을 단축하여 만드는 것을 흔히 '계획적 구식화'(또는 '계획적 진부화')라고 합니다. 상품의 디자인을 수시로 바꾼다거나, 사소한 약간의 기능이 첨가된 신제품을 매년 출시한다거나, 또는 부품을 생산하지 않음으로써 그 제품을 오래 쓰지 못하도록 하는 수법 등도 예사로 행해지고 있습니다.

소비문화는 우리들이 물적 재화에만 지나치게 의존하도록 만들었습니다. 더욱이 정서적 만족이나 행복감 등 기대했던 목적도 거기에서는 얻을 수 없었죠. 잠시 동안의 즐거움을 가져다줄 뿐 이후에는 더욱 커진 허전함과 공허함이 밀려와 결국 '쇼핑중독'이나 '우울증' 등에 시달리게 되었습니다. 사실 소비사회를 사는 우리는 필요나 수요에 따라 소비하는 게 아닙니다. 그동안 지켜왔던 정신적 가치들이 속절없이 무너져 내리면서 '허무'에 맞닥뜨린 사람들이 그 허전함을 물질적 '소비'로 메꾸어보려는 슬픈 욕망의 결과입니다.

물론 소비 자체가 문제라는 것은 아닙니다. 모두가 과소비를 행하는 것도 아니고요. 다만 현대 자본주의사회의 과도한 소비풍토가 문제이며 그것이 점차 확산되고 있는 것이 걱정스러운 것이죠.

그런데 왜 이러한 상황이 계속되는 걸까요? 생산의 확대를 통해 경제성장이 지속되지 않으면 자본주의는 소멸하고 말기 때문입니다. 자본주의는 자전거와 같아 멈추면 쓰러집니다. 자본주의를 고수하는 한 여하튼 앞으로 달려야만 하는 것이죠. 그런데 생산이 지속적으로 확대되기 위해서는 소비가 증가되지 않으면 안 되겠지요. 그래서 소비사회의 문제점, 즉 물질만능주의, 쾌락과 탐욕의 증대, 환경생태계 파괴 등의 문제점을 알면서도 소비를 통한 성장정책을 지속하는 것입니다. 심각한 것은, 이런 상황이 계속되면 '탐욕'이 인간의 성품으로 자리하게 된다는 점입니다. 사실 이미 그런 경향이 있고요. 이렇게 되면 만족을 모릅니다. 그러니 늘 부족한 '결핍' 상태이고, 채워질 수 없는 충족감은 불행으로 이어집니다. 각종 사회 문제를 유발하는 것은 말할 필요도 없겠죠.

그러면 소비시대를 살고 있는 우리의 (부정적인) 모습을 간단히 살펴보겠습니다.

2. 소비시대의 인간

∘∘∘과소유증후군

집집마다 사람마다 소유한 물건이 넘쳐나는 현대는 바야흐로 '과소유(과소비)'시대입니다. 옛날에는 부잣집에나 있었던 드레스룸이 이제는 평범한 어느 집에나 마련되어 있고, 점점 커진 신발장과 수납장에는 물건들이 넘쳐납니다. 그래도 부족하여 다시 방 하나를 드레스룸으로 개조하고, 방과 거실 그리고 부엌 곳곳에 수납장을 새로 답니다. 이사할 때 보면 평범한 소시민도 대형 컨테이너 2대는 필요할 만큼 짐이 많습니다. 불과 몇십 년 전만해도 이사에 주로 용달차가 사용되었고, 짐이 많은 경우라 하더라도 5톤 트럭으로 이삿짐을 날랐는데 말이죠. 도대체 이 작은 한 몸이 살아가기 위해 얼마만큼의 물건이 필요한지 가늠할 수조차 없는 시대가 되었습니다.

이러한 상황은 아무리 좋게 봐도 분명 '과잉소유'입니다. 그러나 정작 당사자는 그 사실을 모릅니다. 오히려 입을 게 없고 신을 게 없다고 불평입니다. 소비욕구에 빠지면 사려는 물건의 필요 여부를 떠나 그것 없이는 못 살 것 같은 착각에 빠지기 때문입니다. 게다가 사고 싶은 물품은 주위에 넘쳐납니다. 그런데 재물은 소금과 같아서 가질수록 갈증을 느낍니다. 만족을 줄 수 있는 소유량이란 결코 없는 것이죠. 전 우주를 소유한들 그 욕망이 멈추겠습니까? 그래서 항상 부족하고 늘 불만입니다.

소비의 시대가 되면서 돈의 가치는 급격히 증가하고 이에 부자를 향한 꿈에 인생을 겁니다. 소비 증대와 이를 위한 부의 축적이 삶의 궁극 목적이 되어버린 것이죠. 케인스의 표현을 빌리자면 '돈에 대한 사랑'이 지금처럼 사회 전제를 온통 휩쓴 적은 없었습니다. 오죽하면 "돈 길만 걸으세요!"라는 문구까지 등장하겠습니까? 노동은 돈을 벌기 위한 것에서 번 돈을 쓰기 위한 것이라는 가치관의 변화가 일어난 것도 생산 중심에서 소비 중심으로 바뀌면서 일어난 현상이죠. 이제 우리는 필요한 것보다 훨씬 더 많은 돈을 벌기 위해 허덕이면서 우리 삶의 소중한 시간들을 허비하고 있습니다.

소유의 양이 행복의 징표로 여겨지는 사회는 필연적으로 경쟁을 조장할 수밖에 없습니다. 소비사회와 경쟁사회는 동전의 양면인 것입니다. 경쟁에 시달리게 된 현대인은 스트레스가 극도로 증가하고 이에 짜증과 분노를 달고 살아갑니다. 사회가 폭력적으로 변하는 것은 당연한 수순이죠. 사실 범죄율은 해마다 급격히 늘고 있습니다. 당연히 행복지수는 매년 낮아지고 있고요. 예전 사회에도 이런 문제는 분명 존재했겠지만 그 정도는 훨씬 약했습니다. 추구하는 가치도 다양했고요. 그러나 자본주의 사회에 들어와 다양한 가치들이 '돈'으로 획일화되면서 이러한 현상이 급속도로 심화되었음은 부정할 수 없는 사실입니다.

과소유·과소비의 시대, 인공품으로 넘치는 사회는 환경에도 영향을 끼치지 않을 수 없습니다. 지구는 병들어가고 그 지구의 또 다른 주인인 동·식물은 전례 없는 핍박으로 존속마저 위험해졌습니다. 그들의 오랜 터전에 막무가내로 침입한 인간은 그곳이 자기 땅임을 천명하고 옛 주인인 타생명체의 '출입금지'를 선포합니다. 해괴한 인간의 논리를 이해하지 못하고 대대로 지켜온 주거지에 그대로 눌러 있다가는 즉시 '사살'입니다. 지구에서 생명체가 시작된 이래 인간만큼 잔인한 최상위 포식자는 일찍이 없었습니다. 이제 인간 때문에 지구 전체가 몸살을 앓고 있습니다.

그런데도 시간이 가면서 자본주의는 오히려 점점 더 견고해지고 있습니다. 자본주의 옹호자들의 논리에 따르면 사람들이 물건을 많이 사면 살수록 모두에게 이익이 돌아가는 선순환이 이루어진다고 합니다. 즉 일자리도 임금도 늘게 될 것이며 기업가의 이윤도 증가한다는 것이죠. 또한 정부의 세수도 불어나게 되고, 결과 모두가 전보다 높아진 생활수준을 누리게 될 것이라고 주장합니다('낙수효과'라 불리는 것이 그것입니다). "부지런히 일하고, 부지런히 소비하라!" 이것이 그들의 슬로건입니다.

그러나 일정 정도를 넘어선 성장은 오히려 장애일 뿐입니다. 성장만을 계속한다면 그것이 어떠한 종류의 성장이든 결국은 파괴적인 양상을 띠게 될 것입니다. 물론 자본주의가 무조건 잘못되었다는 것은 아닙니다. 적어도 정신문명과의 조화가 필요하지만 자본주의 자체가 그런 조화를 이루어내기 힘든 제도라는데 문제가 있는 것이죠.

아직 희망은 있습니다. 사랑과 정의 그리고 희생과 배려가 밑바닥에서 살아 숨 쉬고 있기 때문입니다. 안타까운 것은, 해마다 삼림이 줄어들고 해마다 빙하가 사라져가는 속도에 비례하여 희망도 점점 옅어져 간다는 것입니다.

°°°쫓기듯 바쁜 삶

현대인은 늘 무언가를 해야 한다는 강박관념 속에서 살고 있습니다. 아무것도 안 하고 오롯이 쉬는 것은 황금 같은 시간을 버리는 죄악이라고 생각합니다. '일중독'의 전형적인 증상이죠. 그래서 일할 줄만 알지 어떻게 쉬는지는 모릅니다. 남는 시간이 있으면 어색하여 무엇인가 일을 찾아 두리번거립니다. 그래야만 마음이 편하기 때문이죠. 오늘 해야 할 일을 모두 끝마쳤어도 머릿속은 온통 내일 할 일 생각뿐입니다. 그래야 내일은 좀 편해질 것이라는 위안으로. 그러나 내일은 모레 할 일을, 모레는 또 다음 날 해야 할 일을 댕겨하느라 늘 바쁩니다. 회사에서 일하면서는 집안 일 생각, 집에 와서는 회사 일 생각!

자본주의에 길들여진 인간들은 어떻게 해서든 성과를 내고 이익을 창출하여 남보다 앞서고자 온 힘을 다해 매진합니다. 남들보다 앞서 나가려면 빨라야 하겠죠. 그래서 시간은 늘 부족하고 마음은 늘 무엇엔가 쫓기는 기분입니다. 그래서인지 "시간이 없어 죽겠다"는 말을 입에 달고 살아갑니다.

아무 일 없이 며칠만이라도 푹 쉬어봤으면 원이 없겠다고 하지만 정작 그런 시간이 주어지면 쉬지도 못합니다. 물론 몸은 아무 것도 안하고 있을지 모르나 머릿속은 온갖 생각으로 가득 차 있을 겁니다. 생각이 많다는 것은 늘 무언가에 쫓긴다는 것입니다. 마음에 여유가 없다면 쉬어도 쉬는 게 아닙니다. 오히려 일에 집중하는 게 몸과 마음에 훨씬 좋죠.

오랜만에 좀 쉬려고 큰 맘 먹고 여행을 해도 사정은 마찬가지입니다. 이곳저곳, 이집 저집 분주히 돌아다닙니다. 관광지를 한 곳이라도 더 둘러봐야 알찬 여행이라고 생각하기 때문이죠. 그저 마음 편히 자연 속에서 유유자적하는 것은 아까운 여행비만 낭비하는 것이라 여깁니다. 그리고 돌아오면 파김치처럼 축 늘어진 몸에 피로만 쌓이고 여행의 아름다운 추억은 어디에도 없습니다. 그래서 "남는 건 사진뿐이야"라면서 수많은 사진만을 전리품처럼 안고 돌아옵니다. 사진을 찍느라 그 아까운 풍광을 실제 눈으로는 감상도 못하고서.

초고속 열차가 생겨도, 수천 리 떨어진 상대와 실시간으로 정보를 주고받는 광속인터넷이 생겨도, 사방팔방으로 직선의 신작로가 바둑판마냥 뻗어가도 우리는 여전히 바쁩니다. 아니 더 바빠졌습니다. 하기야 5G(제5세대 이동통신)가 이제 막 상용화되기 시작했는데 벌써 6G시대를 대비하는 기술 전쟁이 한창일 정도니까요. 새로운 기기가 생겨나 시간이 절약되면 그 시간에 해야 할 새로운 일이 생기게 마련입니다. 일이란 본래 해도 해도 끝이 없는 게 아니겠습니까? 아마 머지않아 자율주행차가 나와도 운전하는 시간에 휴식을 취하는 경우는 아주 드물 겁니다. 다른 업무를 보겠지요. 최소한 스마트폰이라도 뒤적거릴 겁니다. 아무리 편리한 기계가 생겨나도 그만큼 여유 있는 삶은 결코 찾아오지 않습니다. 애초에 잘못 셈한 것입니다. 여유로움은 시간을 단축시켜 주는 기계가 아니라 마음에 달려 있다는 사실을 간과한 것이죠.

이런 이야기가 있습니다. 어떤 사람이 면도를 하는데 무슨 급한 일이 있는 듯 서둘러 하더랍니다. 잘 알다시피 그러면 살을 베기 십상이죠. 그래서 옆에 있는 사람이 "뭐 급한 일이라도 있소?"하고 물었습니다. 그랬더니 이 사람 왈. "면도하는 게 귀찮아서 빨리 면도를 끝낼 수 있는 기계를 연구하려고요. 그런데 연구시간이 부족해서 이렇게 빨리 면도하는 거랍니다." 그리고는 얼마 뒤 과연 면도를 빨리 끝내는 기계를 발명했습니다. 그런데 또 이사람, 미친 듯이 서둘러 면도를 하더랍니다. 그래서 옆 사람이 또 물었죠. "아니 좋은 기계가 나왔는데 왜 또 그리 급히 면도를 하십니까?" 이 사람 왈. "아직 빠르지 않아요. 만족할 수 없습니다. 더 성능이 뛰어나고 빨리 할 수 있는 면도기를 만들고 싶은데 시간이 없어서 이렇게...". 그는 빨리 면도하는 기계를 만들기 위해 평생을 허겁지겁 살았다고 합니다. 우리의 삶이 오버랩되지 않으십니까? 우리는 심지어 취미생활도 스트레스 받으며 쫓기듯 바쁘게 하고 있습니다. 결국 '저녁이 있는 삶'이라는 서글픈 슬로건까지 등장하고 말았습니다.

다음은 사모아 근처의 티아비아섬 촌장인 투이아비가 유럽을 처음 방문하고 쓴 『빠빠라기』에 보이는 글입니다.

유럽에서는 시간적 여유가 있는 사람이 별로 없다. 어쩌면 전혀 없다고 해도 과언이 아니다. 그래서 사람들은 내던져진 돌처럼 평생 동안 바쁘게 산다. 거의 모든 사람이 길을 걸을 때 바닥을 보고 다니며 될수록 빨리 걷기 위해 팔을 앞뒤로 힘껏 내젓는다. 누군가 잠시 붙잡으려 하면 그들은 못마땅해서 소리친다. "왜 방해하는 거야? 난 시간이 없어."

'속도병'은 경제성장을 우선시하는 사회의 산물입니다. 자연과 하나임을 믿고 자연의 시계에 맞추어 살아온 원주민들에게 '시간의 노예'처럼 보이는 문명인(?)은 도저히 이해할 수 없는 종족입니다.

사실 빈 시간에는 한가롭게 어슬렁거리는 것이 자연의 이치입니다. 그 시간은 휴식과 평온을 통해 생명 에너지를 비축하는 중요한 시간이니까요. 우리는 일하는 능력을 재는 스펙보다 내려놓기를 배워야 할 때입니다. 왜냐고요? 행복해지기 위해서죠. 그렇지 못한 우리는 '탈진증후군' '주의력 결핍증'을 앓고 각종 정신질환에 시달리며 살아갑니다. 우리네 삶이 고통의 연속인 이유입니다.

앞으로 앞으로 달려가야만 한다는 생각은 멈춤 장치가 없는 고속열차처럼 위험합니다. 언젠가는 탈선하고 맙니다. 우리가 서둘러야 할 것은 더 빠른 열차를 설계하는 것이 아니라, 지금의 고속열차 속도를 줄이는 것입니다. '빠름'을 추구하면 아무리 빠른 기기를 발명해도 여전히 바쁩니다. 더욱 '빠름'을 추구할테니까요. '빠름'의 역설이라고나 할까요.

이상, 소비시대를 사는 우리의 모습을 간단히 살펴보았습니다.

기묘한 것은 지금까지 진행되어 온 엄청난 속도의 경제성장과 과학기술의 드높은 파고가 인간을 행복에로 이끈 것 같지는 전혀 않다는 것입니다.

세상은 -정치적, 경제적, 과학적, 인권적 그리고 모든 측면에서- 놀라울 정도로 발전해왔고 수많은 혁명들을 통해 목표를 하나하나 이루어왔습니다. 그리고 분명 진보되어 왔습니다. 그런데 달리 보면 전혀 변화되지 않았습니다. 인간의 불행도 고통도. 인권의 신장도 그렇습니다. 옛날의 노예 상태가 없어졌다고 하지만 현대판 노예도 옛날 못지않게 인권의

32

억압을 받고 있습니다. 형태만 바뀌었을 뿐이죠. 경제가 눈부시게 성장하고 과학기술이 발전하고 의료기술이 진일보했습니다만, 지금도 여전히 가난한 사람이 부지기수이며(기아에 허덕이는 빈국과 부국의 하층민들), 여전히 바쁘고 여전히 아픕니다. 게다가 무기력증, 불면증, 불안, 우울, 신경쇠약 등 각종 정신질환은 전에 없이 증가하고 있습니다. 현대인의 약 90%가 크건 작건 정신질환을 갖고 있다고 말해질 정도입니다. 이렇게 보면 인간의 불행과 고통은 겉모습만 바꿨을 뿐 수천 년 전보다 나아진 것이 없습니다. 이것은 우리가 말하는 '발전'에 근본적으로 한계가 있음을 말해주는 것 아니겠습니까?

이쯤 되면 노자의 혜안에 절로 고개가 숙여집니다.

그렇습니다! 나라가 커지고 인구가 많아지면 자연히 식량의 증산이 필요하고 이로 인한 경쟁과 갈등으로 전쟁이 발발합니다. 뒤이어 식량증산과 무기개발을 위한 과학기술이 발전하게 되죠. 여기에는 대규모 자본이 필요합니다. 결국 온 세상이 자본권력과 그들이 결탁한 정치권력의 이권놀이 터가 되고 그들이 우리 생명과 삶을 좌우하게 되어버립니다. 지금 우리처럼 말입니다. 그러면서 욕망은 점차 증폭되어 '탐욕'이 우리의 성품인 냥 마음속에 자리하게 됩니다. 인위가 넘치는 불행한 시대, 노자는 그런 시대를 사는 인간의 불행을 예견하고 '무위자연'의 '소국과민'을 간절히 외쳤던 것입니다.

'위대한 영혼(마하트마)'으로 불리는 간디는 "지속하는 세계평화를 성취하기 위하여 현재의 정치경제체제를 분산된 작은 단위들로 이루어지도록 재조정하는 것이 절대로 필요하다. 그렇지 않으면 세계평화라는 목표 자체가 좌절될 것이며, 세계는 극복할 수 없는 위험에 처하게 될 것이다."라고 경계합니다. 그가 대안으로 제시한 '(작은) 자치마을' 중심의 국가경제체제는 노자의 '소국과민'과 같은 맥락 위에 있습니다.

물론 인간이 걸어온 발자취를 보건데, 이제 와서 폭주하는 물질문명을 멈출 수는 없을 겁니다. 그러나 그 속도는 늦출 수 있습니다. 정신문명과의 조화를 이룰 정도로 늦추는 것은 우리 현대인이 당면한 책무입니다. 이제는 경제성장과 과학기술의 급속한 발전보다는 정신문명의 회복에 힘을 쏟아야 할 때입니다.

3. 소비에서 명상으로

동서고금을 막론하고 -적어도 표면상으로는- 행복을 추구하지 않은 사회는 없습니다. 인류 역사는, 어떻게 하면 인간에게 행복한 삶을 선사할 수 있는가에 나름대로 골몰해왔던 시간이라고 생각합니다. 다만 '행복'이라는 관점에서 볼 때, 근·현대사회가 이전의 사회와 구별되는 특징은 행복을 외적 대상에서 구하려고 했다는 점에 있습니다. 물론 인류의 탄생 이래 외적 대상을 중요하게 생각하지 않은 적은 없습니다만, 근·현대 이후로는 그 비중이 유래 없이 커지면서 획득한 외적 물질의 많고 적음으로만 행복의 크기를 재려고 하였습니다.

특히 과학이 발전하고 이에 발맞추어 산업혁명이 빠른 속도로 진전되면서 이른바 '자본주의'가 등장한 이래, 행복은 외적 가치의 소유량에 비례한다는 확고한 믿음을 갖게 되었습니다. 이런 변화는 자연히 세속적 성공을 인간 평가의 잣대로 내세웠으며, 경쟁을 부추기고 성과와 효율성을 강조하는 삶으로 우리를 내몰았습니다. 흔히 현 사회를 풍자할 때 말해지는 '1등만을 기억하는 사회'는 이런 과정의 자연스런 결과입니다.

그런데 문제는 외적 대상에서는 결코 행복을 찾을 수 없다는 것입니다. 찾는다 해도 그것은 잠시 동안의 쾌락에 지나지 않습니다. '쾌락적응 현상' 때문이죠. '쾌락적응 현상'이란, 획득한 재화에 잠시 즐거워하지만 곧 거기에 익숙해져 별 감흥을 느끼지 못하고 더 큰 쾌락을 추구하게 된다는 것입니다. '쾌락적응 현상'의 대표적인 것이 바로 재물입니다.

이것은 손에 넣어도 넣어도 모자랍니다. 이에 비례하여 손바닥도 자꾸 커지기 때문입니다. 자본주의의 가장 큰 실수는 소유보다 욕망이 훨씬 큰 양으로 빨리 증가한다는 사실을 간과한 것이죠.

물론 소비는 필요하고 따라서 적정 소비는 하등 문제될 게 없습니다. 그러나 앞서 말했듯 자본주의 체제하에서의 소비는 전혀 다른 양상을 보입니다. 자본주의에서는 끝없이 경제성장이 지속되어야 하고 이를 위해서는 소비 역시 무한히 증가되어야 합니다. 이런 상황에서 적정 소비란 없습니다. 오직 과소비가 미덕일 뿐이죠. 이처럼 물질 탐욕이 극대화된 사회, 이것이 우리 사회의 민낯입니다. 아무리 색조 화장으로 감추어도 본 모습은 결국 드러나고 맙니다.

'자본주의'는 인간이 가장 경계해야할 것, 즉 눌려있던 이기적 탐욕을 판도라의 상자에서 꺼내온 경제 원리라는 데 문제가 있습니다. 끝없는 성장 욕망과 순간의 쾌락을 위해 건드리지 말아야 할 것을 건드린 것이죠.
소비사회는 물질적 욕망이 들끓고 탐욕이 주도하는 사회입니다. 탐욕이 정당한 것으로 인정되면서 자유 시장은 탐욕의 시장으로 바뀌게 되었습니다. 탐욕은 경쟁을 낳고 경쟁은 폭력을 불러옵니다.

풍요로운 소비가 행복을 보장해준다는 헛된 믿음에서 신기루를 쫓으며 살아왔지만 실은 가난이 아닌 풍요에서, 결핍이 아닌 잉여에서 인간의 타락은 시작됩니다. 행복은 소박한 마음에서 나오는 것이며, 필요를 넘어선 물질은 오히려 삶을 위협하는 부메랑이 될 수 있음을 아는 것, 그것이 지금의 우리에게 진정 필요한 지혜가 아닐까요?

행복은 물질적 풍요에 있는 것이 아니라 마음의 평온에 달려있습니다. 그렇다면 그 마음을 어떻게 작동하여 행복에 이르게 할 것인가? 자고이래 마음을 훈련하는 수많은 방법이 제시되어 왔습니다. 그 중 가장 대표적인 것이 명상이고, 그 효과의 대소를 막론하고 지금까지도 마음공부를 위해 가장 좋은 방법 중 하나는 명상입니다. 우리가 행복해지기 위해 명상을 해야 하는 까닭입니다. 명상은 자각의 눈, 지혜의 눈을 통해 탐욕의 끝없는 순환에서 벗어나 세상의 본 모습을 보게 함으로써 우리를 행복의 길로 이끌어줍니다. 또한 고통에 찌들어 병든 마음의 질환을 치유하고 평화로운 마음으로 바꿔줄 수도 있습니다.

혹자는, "설령 소비문화에 문제가 있다 해도 소비 패턴만 바꾸면 되지 뭘 명상을…" 하고 반문할지 모르겠습니다. 물론 소비의 패턴은 바꿔야 하겠지요. 그러나 그게 말처럼 쉽지 않습니다.

'(과)소비'는 존재를 쪼개고(분석) 대립시키는 현대 문명을 벗어나 논할 수 없습니다. 대립과 분석의 문명이 이 시대에 들어와 '소비'라는 양태로 출현한 것이기 때문이죠. 따라서 '소비'를 극복하기 위해서는 '소비시대'를 넘어서는 새로운 패러다임의 문명을 열어야만 합니다. 더구나 현 자본주의 경제체제가 소비를 부추기고 우리는 거기에 이미 습관화되어 버렸습니다. 따라서 우리의 의식 구조를 근본적으로 바꾸지 않고서는 소비 패턴 역시 바뀌지 않습니다.

현대는 놀라운 지식의 성장을 이룩했지만 그와 동시에 지혜는 점점 사라졌습니다. 지혜와 분리된 지식이 사회를 지배하는 현대 문명은 오히려 사회를 위태롭게 할 수 있습니다. 지식은 반드시 지혜와 함께 해야만 합니다. 지혜를 얻는 가장 효과적이고 바른 길이 바로 '명상'입니다. 명상은 우리의 잘못된 의식 구조를 근본적으로 바꾸는 강력한 수단입니다.

'호모 콘수무스(Homo consumus, 소비하는 인간)'는 이제 '호모 메디타티오(Homo meditatio, 명상하는 인간)'임을 엄숙히 선언해야 할 때입니다.

II

· · · · · ·

인간 존재의 괴로움(苦)

일찍이 붓다가 "인생은 고해(苦海)"라고 설파하였듯 인간의 삶은 사실 고통(苦)으로 가득 차 있습니다. "뭐가 불행해, 행복하기만 한데."라고 말하는 사람이 있을지 모릅니다. 혹시 그는 순간의 즐거움(쾌락)과 지속적 평안의 행복을 혼동하고 있는지도 모릅니다. 순간의 즐거움은 바로 고통으로 바뀝니다. 영원하지 않은 것이죠. 이것을 '무상無常'이라 한다. 그래서 고통스러운 것입니다. 여기서 말하는 '고통(苦, dukkha)'이란 견디기 힘든 엄청난 아픔만을 말하는 게 아니라, 모든 것이 덧없고 자기 마음대로 되지 않아 괴롭고 마음 쓰리다는 것입니다. 넓은 의미의 '괴로움' 또는 '불만족'과 일맥상통하는 말입니다.

수많은 노동자, 병자, 아프리카 오지에서 신음하고 있는 사람들, 약자, 빈자 등등은 심각한 고통의 나날을 보내고 있습니다. 그러나 사실 부자, 건강한 자, 문명의 온갖 혜택을 누리는 자들 역시 고통스럽기는 매한가지입니다. 그들 역시 '불만족'한 삶을 살아가니까요. 인간은 누구나 근원적 고통에서 자유롭지 못합니다. 물론 거기서 빠져나올 방법이 없는 것은 아닙니다.

여기서 잠깐 괴로움의 정도를 지표로 알아볼까요? 우리나라를 예로 들어보죠.

2016년 1월 18일자 한국일보 행복도 조사에 의하면, 우리나라 국민의 행복도는 10점 만점에 6점 정도이며 50대 이상에서는 6점 이하를 나타내고 있습니다. 더구나 2014년 발표된 한 보고서에 따르면 우리나라 국민 중 행복한 노후를 보낼 것이라는 '자신감 지수'는 100점 만점에 20점으로 조사 대상국 중 최하위를 기록했다고 합니다. 여기에서 알 수 있듯 우리들의 삶의 질은 현격히 떨어져 이혼율과 자살률은 세계 1위이며, 공동체 유대감이 붕괴되어 국민의 57%가 여가를 혼자 보내는 것으로 나타났습니다. 더욱이 10, 20대는 그 수치가 70%를 넘어선다니 참으로 큰 문제가 아닐 수 없습니다.

게다가 비정규직 근로자 비율, 저임금 근로자 비율, 계층 간 근로소득 격차 등에서 우리나라는 OECD 국가 중 1위이며, 그 외에도 교통사고 사망률 1위, 사교육비 1위, 어린이 행복지수 뒤에서 1위, 청소년 수면시간 뒤에서 1위 등 많은 부분에서 1위의 오명을 쓰고 있습니다.

'괴로움'이 심해지고 있는 것은 우리나라만이 아닙니다. 세계적 현상이죠.

여론조사기관 갤럽의 최근 '글로벌 정서 보고서'(Global Emotions Report)에 의하면, 145개국 15만4000명을 설문조사한 결과 2017년이 이전의 그 어느 해보다 더 불행한 시기였다고 합니다. 전 세계 사람들이 슬픔과 스트레스, 걱정과 분노, 신체적 고통을 어느 때보다 더 자주 더 많이 느낀 것으로 조사됐던 것이죠. 매년 삶의 질이 저하되고 많은 사람들이 고통에 시달리고 있는 것입니다.

'백구과극(白駒過隙)'이라는 말이 있습니다. 말이 문틈 사이로 지나가는 순간을 말하는데요, 잘 아시듯 말은 굉장히 빠르지 않습니까? 그 빠른 말이 달리는 모습을 좁은 문틈으로 들여다보면 말이 막 보이려는 순간 이미 지나가버리고 없겠지요. 그만큼 세월이 빠르다는 뜻의 성어입니다. 그처럼 짧고도 짧은 인생이거늘, 삶에서 맞닥뜨리는 괴로움(苦)의 시간은 뱀처럼 길게 늘어지고, 늘어진 시간은 똬리를 틀어 우리의 몸통을 조여 옵니다. 왜 우리는 괴로운 삶을 살아내고 있는 걸까요? 마르쿠스 아우렐리우스는 "우리의 인생은 우리의 생각이 만드는 것이다."고 했습니다. 그렇습니다. 우리는 걱정거리 목록을 끝없이 만들어냅니다. 그리고 하나의 걱정은 연쇄적으로 또 다른 수많은 걱정거리들을 몰고 옵니다. 평생 걱정이 끊이지 않는 이유지요. 걱정을 해야만 걱정거리가 해소된다고 생각하며 걱정에 매달립니다. 그러면서도 걱정만 할 뿐 실제 해결책을 강구하는 경우는 많지 않습니다.

그럼, 괴로움을 빚어내는 원인에 대하여 알아보기로 하겠습니다.

1. 괴로움(苦)의 원인 : 탐진치 3독

물고기는 왜 사는가.
지렁이는 왜 사는가.
물고기는 평생 헤엄만 치면서
왜 사는가.

낚시질하다
문득 온몸이 끓어오르는 대낮,
더 이상 이렇게 살 수만은 없다고
중년의 흙바닥에 엎드려
물고기같이 울었다.(마종기, 낚시질)

우리는 삶의 막막함에 자다가 벌떡 일어나 깊은 한숨을 짓곤 합니다. 만사가 자기를 옭아매고 숨 쉴 틈을 주지 않아 질식할 것만 같기 때문입니다. 도대체 이 세상이 뭔지, 왜 나는 이렇게도 많은 굴레 속에 얽매여 살아가야만 하는지! 평생을 이렇게 살아가야 하는 것인지! 어떻게든 다른 방식의 삶을 살지 않으면 안 된다고 생각하면서 뜬 눈으로 어두운 밤을 마주합니다.

예전에는 정신질환 치료병원(정신건강의학과)은 생소했습니다. 그런데 지금은 종합병원마다 진료실이 갖추어져 있고 전문 개인병원도 적지 않습니다. 게다가 환자로 늘 북적이는 진료과 중 하나입니다. 대부분의 정신질환은 마음이 흐르지 못하고 머물러 있기 때문에 발생합니다. 머물러 있으면 막히고, 막히면 굳어집니다. 이것을 저는 '심경화' 현상이라고 부릅니다. 마음이 굳어 소통이 자유롭지 않은 상태죠.

우리를 가두는 것은 감옥의 차가운 쇠창살만이 아닙니다. 마음의 올가미는 더욱 조밀하게 우리를 가두어 놓습니다. 거기서 빠져나오기는 극히 어렵지요. 그러나 삶의 본질을 깨닫고 세상을 있는 그대로 보게 된다면 거기에서 벗어나 걸림 없는 대자유인이 될 수 있습니다. 진정한 구원은 두려움, 고통, 결핍감을 느끼지 않음으로써 모든 갈망과 욕심 그리고 집착으로부터 자유로운 상태입니다. 장자는 "들판의 꿩은 열 걸음 걸어서 모이를 한 번 쪼고 백 걸음 걸어야 겨우 물 한 모금 마시지만, 그렇다고, 새장 속에 갇혀 얻어먹는 신세가 되기를 바라지 않는다."(「양생주」)고 역설합니다. 자유를 향한 길이 고달플지라도 우리가 걸어야 할 길입니다. 진정한 자유는 억겁에 걸친 두꺼운 업장을 녹여 굳어버린 마음을 풀어내는 데서 옵니다.

붓다가 말했듯 우리네 삶을 가만히 들여다보면 거기에는

근본적으로 '괴로움(苦)'이 가로놓여 있습니다. '생노병사(四苦)' 자체가 괴로움이지만 그것만이 아닙니다. 우리는 자신이 원하는 것을 움켜쥐고 싶어 합니다. 재물, 젊음, 건강을 비롯하여 함께 하고 싶은 사람, 갖고 싶은 물건들, 살고 싶은 집, 타고 싶은 자동차, 가고 싶은 여행지, 먹고 싶은 음식 등등. 우리가 원하는 것은 무수히 많습니다. 위에 들은 예에는 다시 수많은 경우의 수가 있습니다. 예를 들어 '함께 하고 싶은 사람'에는 부모, 자식, 배우자만이 아니라, 친구, 애인, 맘에 맞는 직장 동료나 선·후배 등이 있습니다. 물건도 수만 가지고 집과 차도 수백 종입니다. 내가 좋아하는 사람들이 나를 싫어하거나 아니면 먼 곳으로 떠나거나 유명을 달리할 때 우리는 슬프고 괴롭습니다. 원하는 물건을 손에 넣지 못할 때도 마찬가지입니다. 이와 반대로 싫은 것은 자꾸 밀쳐내려고 하죠. 오래된 집, 낡은 차, 마음에 안 드는 사람, 하기 싫은 일들. 이것 역시 예를 들자면 끝이 없습니다. 그 대표적인 것이 병, 죽음, 가난 등이겠죠. 이것들이 우리에게 다가올 때 슬프고 괴롭습니다. 그런데 매일 매순간 이런 상황들에 놓이는 것이 바로 우리의 삶입니다. 그러니 삶은 고통스럽고 괴로울 수밖에요. 붓다는 이런 내용을 인간의 '팔고(八苦)' 즉 고통의 여덟 가지 상황이라는 용어 속에 담아놓았습니다.

그리고 '팔고'라는 숙명적인 인간 고통의 원인을 '탐(貪)' '진(瞋)'때문이라는 말로 압축합니다. '탐'이 좋은 것을 움켜

쥐려는 것이라면, '진'은 싫은 것에 반발하는 것입니다. 여기서 수많은 부정적 감정들, 예를 들어 시기, 질투, 원망, 불안, 분노, 위선, 인색, 성냄 등이 생겨나 우리를 고통스럽게 합니다. 물론 바라는 대로 될 때는 기쁨과 쾌락도 있습니다. 그러나 그것은 괴로움으로 전이되는 기쁨이며, 지반이 약해 미풍만 불어도 사그라지고 마는 즐거움입니다. 왜일까요? 본질이 '무상'하기 때문입니다. 변해가는 것이기 때문이죠.

탐, 진은 한마디로 '탐욕'이라고 할 수 있습니다. 갖고 싶은 것을 가지려는 것은 물론이거니와, 싫은 것을 밀쳐내려는 것 역시 탐욕에서 오는 것이니까요. 모든 괴로움은 여기에서 시작되는 것입니다.

붓다는 탐·진이 생겨나는 이유를 세상의 참 모습에 대한 무지 즉 '치(癡)'에 있다고 합니다. 이것은 사물의 연관과 변화가 실제로 어떻게 일어나는지를 자각하지 못하는 것입니다. 다시 말해 '있는 그대로'의 실재를 자각하지 못하는 것이죠. 그러면 탐욕이 생겨나 업이 쌓이고 또 다시 윤회의 긴 바퀴를 굴려야 합니다(자세한 것은 Ⅲ장에서 설명합니다).

이것이 불교에서 말하는 유명한 '탐, 진, 치' 삼독(三毒)입니다. 결국 탐욕과 무지 때문에 우리들 삶은 끝없이 중첩된 고통의 산을 힘겹게 넘어야 합니다. 저 산을 넘으면 행복이 있을 거라는 희망으로 무릎이 깨지고 발바닥이 갈라지는 고통을 견디며 바튼 숨으로 고개를 넘지만, 바로 연이어 더 높은 봉우리가 우리 앞을 막아섭니다.

그러고 보면 모든 불행은 결국 자신에게서 비롯되는 것입니다. 모든 것이 '내 탓'인 거지요.

2. 내 탓이오!

저 지극히 올바른 자는,......길다고 넘친다 하지 않고, 짧다고 부족하다 여기지 않는다. 오리는 비록 다리가 짧지만 그것을 (길게) 늘려주면 괴로워하고, 학은 비록 다리가 길지만 그것을 자르면 슬퍼한다. 그러므로 본래부터 긴 것을 잘라서는 안 되며, 본래부터 짧은 것을 늘려주면 안 된다. 그러니 (본래가 짧건 길건) 이것을 근심하고 걱정할 이유가 없다.(『장자』「변무」)

학은 다리가 길어야 하고 오리는 짧아야 합니다. 그런데 인간의 인위적이고 자의적인 척도로 보면, 학은 다리가 너무 길고 가늘어 바람만 불어도 위태롭고, 학은 다리가 너무 짧아 잘 달리지 못하는 관계로 목숨도 부지하기 어려워 보이죠. 그래서 학의 다리를 잘라 오리 다리에 붙여주고는 "이제야 학과 오리 모두 몸에 맞는 적당한 다리를 갖게 되었다!"고 안심합니다. 그러나 그 순간 학과 오리는 모두 죽고 말죠.

학은 다리가 짧은 것이 본성이고, 학은 긴 것이 본성입니다. 그러나 인간이 세상을 대하는 태도는 이처럼 자기의 기준으로 '대상(자연)'을 재단하고 가치를 매깁니다.

더구나 그 '자기의 기준'은 주입되고 강요된 것입니다. 그래서 우리는 자유롭지 못합니다. 우리에게 '진정한 자유'란 '본래'의 내가 욕망하는 것들을 욕구하고 획득하는 것입니다. 그렇다면 우리는 욕구로부터 자유롭지 않단 말일까요? 예. 그렇습니다. 우리는 자유로운 욕구를 갖지 못합니다. 부지부식 중에 우리로 하여금 강제된 욕망을 갖게 하는 외적 요인들이 있기 때문이죠. 오랜 시간에 걸쳐 이루어진 이념과 관습 그리고 강요된 사회적 가치들이 거기에 해당합니다. 이 것을 노장사상에서는 '성심(成心)'이라고 합니다. 선입견처럼 인식구조에 박혀 있는 틀을 말하지요. 그 틀을 깨부수지 못하는 한 우리는 모두 (정신적) 감옥에 갇혀 살고 있는 셈입니다.

그 근원에는 습관처럼 굳어진 인간의 인식 구조, 즉 분별지(分別智-분별해서 사고하는 지식)가 있습니다. 서로 엮여 끊임없이 변화하는 유기적·통합적 세계를 우리는 분리하고 고정화해서 파악합니다. 예를 들어, 생(삶)과 사(죽음)는 서로 유동적이고 넘나듭니다. 생 속에 사가 있고 사 속에 생이 있는 것이죠. 그런데 인간의 지식은 이렇게 보지 못하고 생과 사를 분별해서 파악합니다. 분별하면 가치의 우열이 생겨납니다. 자신이 원하는 것과 원하지 않는 것이 있기 때문이죠. 그래서 생에 집착하고 사를 피하려는 태도가 형성됩니다. 생과 사로부터 자유로운 사람과 비교해보면 이것이 얼마나 우리의 자유를 빼앗고, 얼마나 우리를 고통스럽게 하는지 아실 겁니다.

그런데 생과 사가 절대 다른 것임을 믿어 의심치 않는 것은 우리의 오랜 인식 습관 탓입니다. 그 잘못된 습관의 틀을 벗어버리면 생과 사가 본래 하나임을 알게 됩니다(이에 대해서는 'Ⅲ-2. 마음의 구조'에서 좀 더 자세히 설명할 것입니다).

우리는 이렇게 왜곡된 지식으로 욕망하고 판단하고 집착합니다.

사회적으로 성공하고자 하는 욕망, 남에게 인정받고 싶은 욕망, 부귀해지고 싶은 욕망 등도 우리에게 있는 본질적인 욕망이 아니라 사회에서 강제된 허구적 욕망에 불과합니다. 이것은 부풀려지고 뒤틀린 욕구로, 눈덩이처럼 불어나 '탐욕'이 됩니다. 그리고 그 토대 위에서 판단하고, 그 판단에 집착합니다. 그것이 얼마나 왜곡된 것인지는 생각조차 하려들지 않으면서 말이죠. 인간의 많은 고통은 바로 여기에서 비롯되는 것입니다.

우리의 경험 속에 들어오는 그 어떤 것도 실은 가치중립적인 것입니다. 그것이 우리를 즐겁게 하면 우리는 그것을 좋은 것이라 생각하고, 불쾌하게 하면 나쁜 것이라고 단정합니다. 그런데 우리를 즐겁게 하거나 불쾌하게 하는 것은 실은 오랜 세월에 걸쳐 형성된 나의 습관, 즉 업장에 의존합니다.

예를 들어 '어질러진 방'은 '분노'와는 전혀 상관없는 것입니다. '어질러진 방'과 '분노'는 필연적인 인과관계에 있는 것이 아니라는 것이죠. 어질러진 방을 보고 화낼 수도 있지만, "얼마나 바쁘면..." 하면서 스스로 정리해줄 수도 있는 것입니다. 방을 안 치웠다고 화를 내는 것은 나의 업장 때문입니다. 업장이란 수많은 삶을 윤회하면서 쌓아온 행위(업)의 축적을 말합니다. 우리가 어떤 행동이나 생각을 하면 그 행동이나 생각 자체는 순간에 사라지지만, 그것들의 결과는 하나도 남김없이 업으로 저장됩니다. 그리고 저장된 수많은 업들이, 현생에서 인과 연의 조건을 만나면 다시 우리의 행동과 생각으로 드러나는 것이죠. 그 수많은 세월동안 쌓아놓은 업보가 모두 저장되어 있다고 해서 '무진장(無盡藏-남김없이 저장되어 있다는 뜻)'이라고 합니다. 그래서 불교에서는 모든 게 업보인 것입니다. 결정론인 것이죠. 그러나 이 결정된 것의 고리를 끊을 수 있는 가능성 또한 열어놓았으니 그것이 바로 깨달음이고, 깨달음에 의해 업장은 사르르 녹고 맙니다.

만일 이 업장의 습관회로를 변화시킨다면 '어질러진 방'에 대해 다른 반응이 일어나게 됩니다. 혹 분노가 일어났다 해도 그것에 즉각 반응하지 않고, 분노를 그저 아무 판단 없이 받아들여 분노의 감정이 소멸된 이후, 모든 선택의 가능성을 열어놓고 그 중 가장 바람직한 방법을 골라 행동할 수도 있습니다. 이것은 우리에게 주어진 매 순간 우리가 경험하는 것과 어떤 관계를 맺느냐 하는 것이 우리 자신의 선택 사항이라는 의미입니다. 그러니 모든 생각과 감정의 분출은 사실 모두 '내 탓'인 겁니다.

깨달음을 얻고 나면 만물이 새롭게 보입니다. 사물이 달라진 것이 아니라 내 마음이 달라졌기 때문이죠. "사랑을 하면 세상이 달라져 보인다"는 말도 있지 않습니까? 마음을 바꾸면 내가 바라보는 세상도 바뀝니다. 그리고 '어질러진 방'에 결코 화를 내지 않습니다. 모든 것이 결국은 내 탓이었던 거죠. 상황을 탓하지 말고 내 마음을 바로 보아야 합니다. 마음의 여러 층 중 어떤 마음에 초점을 맞춰 세상을 대하느냐에 따라 세상은 다양하게 나타나고, 내 마음이 불안한가 평화로운가도 결정되는 것입니다.

붓다가 외쳤던 '인생은 고해'라는 말은 삶이 필연적으로 괴로움(苦)이라는 말이 아닙니다. 잘못된 시각 하에서만 그렇다는 것이죠. 따라서 올바른 시각으로 세상을 대함으로써 괴로움의 원인을 깨닫고 그것을 이겨내라고 주문했던 것입니다. 그러면 우리 삶은 고통에서 열락으로 전환됩니다. 이를 위해서는 '인생이 고통'이라는 그 사실을 분명하게 직시해야 하고, 나아가 세계의 실상(實相), 즉 참 모습에 대한 자각이 선행되어야 합니다. 그렇다면 세상의 참 모습은 어떨까요. 도대체 우리가 모르는 것이 무엇일까요. 우리의 시각은 어디에서 잘못된 것일까요. 이제 세계의 실상에 관하여 알아볼 차례입니다.

III
· · · · · ·

세계(존재)의 실상

1. 세계의 참 모습 : 연기·무아

"뜬구름 잡는다"는 말이 있습니다. 허황되고 현실성 없는 이야기일 때 비유적으로 쓰는 말이죠. 그런데 왜 '뜬구름' 잡는 게 허황되고 현실성이 없는가요? 별도 따다가 임의 목에 걸어준다는데!

사실 구름을 잡으려 하늘 높이 올라간들 그것을 뜰채로 담아올 수 없는 건 분명한 것 같습니다. 그러나 더 중요한 건, 땅에서 올려다보고 표적으로 정했던 '그 구름'이, 우리가 거기에 접근하면 할수록 주변 공기와의 경계가 흐려지면서 사라져버린다는 겁니다. 잡을 구름이 없는 것이죠. 우리가 보았던 구름은 하나의 '그 구름'이라는 단일 사물로 존재하는 것이 아니며, 그렇게 본 것은 환상이고 기만이었던 것입니다. 다른 예를 하나만 더 들어보겠습니다.

'책'은 분명 있습니다(그것마저 없다고 하는 학설도 있긴

하지만요). 그러나 그 '책'이 우리가 보는 모습으로만 있는 것은 아닙니다. 그것은 우리의 인식능력이 보는 책의 모습일 뿐이죠. 현미경을 통해 볼 때도 그 '책'이 우리가 일상적으로 보는 책의 모습일 거라고 생각하는 사람은 없을 것입니다. 현미경으로 들여다보면 '책'은 주위의 원자들과 끊임없이 교체되며 연계되어 있는 어떤 것입니다. 책과 주변 사물과의 경계는 희미하고 실상 존재하지 않습니다. 그렇다면 책과 주변 사물은 연결되어 있는 것이죠. 결국 '책' 자체도 (존재론적으로, 실체적으로) 없는 것입니다.

이 얘기를 불쑥 왜 꺼냈냐 하면, 우리 인간이 보는 세상이 세상의 참모습은 아니라는 말을 하기 위해서입니다.

그런데 이러한 사실을 이미 수천 년 전에 구체적이고 정교하게 설파한 자가 있습니다. 붓다가 바로 그 사람이고, '연기설'이 그 내용입니다. 이제 붓다의 언설을 따라가며 그 내용을 살펴보기로 하죠.

인간 삶의 괴로움을 직시하고 그 구원의 방법을 간절히 찾아 헤매던 붓다가, 네란자라강가의 보리수나무 아래에서 깨달았던 것은 이 세상이 '연기'라는 것이었습니다. 연기란 '인연생기(因緣生起)'의 줄임말로, 모든 존재는 인과 연의 임시적 결합(가합假合이라고 함)에 의해 존재하는 것, 다시 말해 이 세상의 모든 사물은 상대적인 것이고 조건화된 것이며

60

상호관계 속에서만 존재할 뿐, 결코 자족적·지속적으로 존재할 수 없다는 것입니다. 실체성을 구유하고 있지 않다는 것이죠.

실체란, 속성들의 변화에도 불구하고 자기동일성을 유지하고 있는 사물의 본질을 말합니다. 예를 들면 올챙이는 늘 변합니다. 하루마다 조금씩 자라나고 형태가 변해 올챙이와는 전혀 다른 생김새의 개구리가 되죠. 그런데 이렇게 끊임없이 변해가는 데, 왜 올챙이 때도 개구리 때도 동일한 '그것'이라고 할까요? 늘 변화하고 있음에도 변하지 않는 무엇이 있다고 보기 때문이죠. 바로 그 '변하지 않는 무엇'을 실체라고 합니다. 이 실체가 속성(변하는 현상)의 기저에 존재하면서 그 개체를 그 개체이게 하고 있는 것이죠. 그런데 불교는 이런 실체를 부정합니다. 변화의 기저에 자기동일성을 유지하고 있는 개별적 실체로서의 '자아'를 인정하지 않는 것이죠.

붓다가 태어났을 당시 인도의 주류사상이던 바라문교는 잘 아시듯 '범아일여(梵我一如)'를 주장했습니다. 우주 근원으로서의 브라만이 내 내면에 자아로서 갖추어져 있다는 것이죠. 이 자아를 '아트만'이라고 합니다. 붓다는 이런 자아성을 부정하면서, 기존 바라문교에 저항했던 것입니다. 사실 붓다 역시 출가 초기에는 바라문교의 현자들로부터 가르침을 받아 그것에 몰두했고 거기서 얼마간의 깨달음도 얻었습니다. 그러나 그것은 인간의 고통을 완전히 제거할 수 있는 방법은 아니라고 생각했습니다. 그리고 스스로 창안한 위빠사나 명상법에 의해 세상이 '연기'라고 하는 진리를 증득할 수 있었습니다(위빠사나에 관해서는 뒤에서 자세히 설명합니다).

왜 붓다는 개체의 실체성을 부정했을까요? 세계의 실상이 '연기'임을 너무도 분명히 깨달았기 때문입니다.

> 이것이 있음으로 말미암아 저것이 있고.
> 이것이 생김으로 말미암아 저것이 생긴다.
> 이것이 없음으로 말미암아 저것이 없고,
> 이것이 멸함으로 말미암아 저것이 멸한다.

이것이 바로 그 유명한 '연기설'입니다.

예를 들어보죠. 쌀은 벼에서 나옵니다. 벼가 쌀을 있게 하는 가장 직접적이고 주된 요인인데 이것을 인(因)이라고 합니다. 그런데 쌀은 벼만 있다고 해서 존재하지는 않습니다. 그 외에도 태양과 바람과 물이 있어야 하고 거름과 논도 있어야 하죠. 그런데 거름이 있기 위해서는 동물이나 인간이 있어야 하고, 그들을 낳아준 부모가 있어야 하며, 그 부모의 부모로 끝없이 소급됩니다. 또한 논이 있기 위해서는 땅이 있어야 하고 지구가 있어야 하고 태양계가 있어야 합니다. 이렇게 하나하나 세어나가면 끝없이 이어져 우주 전체가 있어야 합니다. 이것들을 쌀이 존재하기 위한 연(緣)이라고 하죠. 쌀은 이처럼 수많은 인과 연의 임시적 화합에 의해 존재하는 것입니다.

그런데 그 인과 연이 되는 조건들은 매 순간순간 변화합니다. 태양도 논도 바람도. 이런 관계 속에서 존재한다는 것은, 그 어떤 것도 자기만의 특정한 성질을 지닌 것으로 존재할 수 없다는 것(無自性), 그리고 그 어떤 것도 독립적으로 존재하지 못한다는 진리를 말해주고 있는 것입니다. 사정이 이러하다면 쌀이 실체성을 가진 고정되고 지속적인 어떤 것일 수 있을까요? 쌀은 실은 지금 이 순간에도 -인과 연이 변해가므로- 끊임없이 변화해가는 존재입니다. 이 세상에는 실은 인과 연의 끊임없는 흐름만이 존재하는 것이죠.

그렇다면 '나(자아)' 역시 지속되는 실체성을 가질 수 없습니다. '나'도 순간순간 생멸을 거듭하는 존재인 것이죠. 이것을 '무아'라고 합니다. 무아를 깨달으면 아상(我相-내가 실재한다는 생각)이 사라지고, 고통의 소멸과 함께 악업을 짓지 않게 됩니다. 우리는 여기서 곤혹스러움을 느낍니다. "내가 없다니! 이렇게도 굳건하고 확실하게 여기 있는데, 이것만큼 분명한 사실이 없거늘 내가 없다니! 그렇다면 이 내 몸과 정신은 무엇이란 말인가?"

불교에 의하면 '나'란 실은 색(色-물질적 육체), 수(受-지각, 느낌), 상(想-관념, 생각), 행(行-욕구, 의지), 식(識-총체적 의식)이라는 다섯 덩어리 -결국 정신과 육체- 가 서로 인과 연이 되어 연쇄적으로 일으키는 반응일 뿐, 그것들을 주재하는 중앙의 통괄처로서의 '나'는 없습니다. 통상 우리들이 말하는 '나'란 무엇인가요? 정신과 육체의 주인으로 그것들을 통괄하고, 감정을 일으키고 담아내며 인식하는 주체, 게다가 어제-오늘-내일로 지속된다고 여겨지는 실체로서의 그 무엇을 말하지 않습니까? 그래서 "너는 어제 내게 아픔을 주었어."라거나 "나는 슬픔에 겨워." 또는 "나는 하늘을 본다."라고 말하지요.

그런데 불교가 말하고자 하는 것은 바로 이런 개념으로서의 '나'란 허상이고 본래 없다는 것입니다. 우리가 '나'라고 생각하는 그것은 오랜 억겁에 걸쳐 기만되어온 습관의 결과입니다. 물론 지금 무엇인가를 생각하고 느끼는 그 현상 자체가 없다는 것은 아닙니다. 무엇인가를 그리워하고 슬퍼하고 지각하고 인식하는 그 현상은 분명 끊임없이 일어나고 있습니다. 색·수·상·행·식의 지속적이고 찰나적인 인과 연의 흐름으로 말이죠. 단 그것이 통상 우리가 생각하고 있는 방식으로서의 '나' 속에서 이루어지는 일은 아니라는 것입니다.

64

"저사람 정말 나쁜 사람이야"라고 판단하고 동시에 치밀어 오르는 감정을 느낄 때 우리는 '내가 화났다'고 합니다. 그러나 그것은 '나'의 '화'가 아닙니다. 그냥 '화'라는 감정일 뿐 '화'의 주체가 되는 '나'라는 것은 없습니다. 그런 생각과 감정은 인과 연의 고리에 의해 생겨났다 사라지는 현상입니다. 외적 물질 현 상과 똑같은 하나의 현상일 뿐이죠.

'나'라고 할 그 무엇은 없습니다. 오로지 색, 수, 상, 행, 식이 서로의 인연에 의해 일어났다 인연에 의해 사라지는 흐름만이 있을 뿐이죠. 우리는 색, 수, 상, 행, 식이 일으키는 경험을 '나'라고 생각할 뿐이며, 그 기억이 쌓여 과거에서 현 재로 이어지는 '나'라는 일련의 지속적인 상념을 만들어내고 있는 것입니다. 그러나 실은 매순간 일어났다 사라지는 수많 은 감각들과 의식들만이 존재할 뿐이죠. 그런 것들의 기저에 변하지 않는 어떤 실체는 없습니다. 다시 말해 굳이 나의 존 재를 말한다면, 매 순간순간 인과 연에 의해 바뀌고 있는 '나' 만 있을 뿐 지속되는 '나'는 없습니다. 우리는 과거 경험속의 허구적 '나'를 지금의 나로 여기면서 살고 있는 것입니다.

우리들의 눈으로 보면 삼라만상이 고정된 것으로 보이지 만 깨달은 자에게는 그것들이 잠시도 고정·지속되지 않고 인연에 의한 찰나생멸을 반복하고 있습니다. 켜져 있는 전등 도 실은 1초에 수십 번 아니 수백 번(측정하는 기구에 따라

수치는 천차만별)을 깜빡거리면서 꺼지고 켜지기를 반복하고 있다고 합니다. 우리는 인식의 한계 때문에 같은 불빛이 지속되는 것으로 알고 있지만 실은 찰나마다 새로운 다른 불빛으로 존재하고 있는 것이죠. 전등 불빛처럼 내 생각, 느낌, 감정 등도 순간순간 일어났다 찰나에 사라져 갑니다. 인연으로 얽혀 유동하는 현상의 흐름만이 있을 뿐이죠. 우리가 인식하지 못할 뿐입니다. 우리는 끊임없이 변하고 흐르는 만물을 고정시키고 범주화하여 지속하는 어떤 것으로 인식하도록 습관화되었기 때문입니다. 만일 우리가 전등의 점멸 속도를 볼 수 있는 인식능력을 갖추었다면 전등 불빛이 매 순간 새로운 불빛으로 존재하고 있음을 알 것입니다. 마찬가지로 매 순간 유동하는 인연의 흐름을 인식할 수만 있다면 '나'가 존재하지 않음을 알 것입니다.[2]

---

2) '나'가 없다면 나와 다른 사람을 구분할 수도 없지 않느냐고 반문하는 사람들도 있을지 모르겠습니다만 그렇지는 않습니다. 불교에 의하면, '나'는 없지만 '업'은 있습니다. '제8아뢰야식'에는 자신이 지은 모든 행위들(생각 포함)의 결과가 업으로 축적·저장되어 있는데, 사람마다 저장된 내용들이 다르므로 각각 성격도 다르고 기질도 다른 사람들이 있게 되는 것이죠. 이 업은 인연이 맞는 상황이 되면 '제8아뢰야식'에서 튀어나와 현상하게 됩니다. 따라서 어떤 일에 대해 대응하는 방식이나 떠올리는 감정도 사람마다 제각각일 수밖에 없고, 당연히 서로 구분되는 것이죠. 그러나 업은 어디까지나 인연에 의해 생겨났다 사라지는 하나의 현상이지, 실체로서의 '나'는 아닙니다.

그렇다면, 슬퍼하거나 기뻐하는 현상은 있되 '슬퍼하는 나'나 '기뻐하는 나'는 없습니다. 굴욕적이거나 자존심 상할 '나'도 없죠. '나'의 슬픔도 아니고 '나'의 기쁨도 아니며 '나'의 자존심도 아닙니다. '나'가 없으니 그 무엇에도 머무를 수 없습니다. 이는 우리에게 집착할 무언가가 없다는 것을 말해줍니다. 기쁨도 슬픔도 스쳐 지나가는 것, 그것을 부둥켜안고 '나의 슬픔' '나의 기쁨'으로 담아두지 말고 그냥 흘려보내야 합니다. 이것이 '연기'설이 우리에게 주는 가장 중요한 메시지입니다.

그런데 (인식의 한계 때문에) 우리는 있지도 않은 자아개념을 만들고 실체성을 가진 '나'라는 존재를 만들어 놓습니다. 문제는 여기서 모든 욕심과 집착이 시작된다는 것입니다. '나'라는 존재가 서게 되면 자연히 '나'의 외부에 타자가 서게 되고 나와 타자의 구별·대립이 생깁니다. 연기의 그물로 엮어진 단일한 세계에 자·타라는 이원적 균열을 가져오게 되는 것이죠. 여기에서 타자에 대한 지배욕, 소유욕을 비롯해 수많은 욕망이 생겨나고, 결국 집착과 탐욕으로 나아갑니다.

'집착'을 말할 때 우리는 보통 돈, 권력, 명예, 성에 대한 집착을 말하지만, 사실 그 근원에는 '나'에 대한 집착이 강고히 자리하고 있습니다. 그것을 '아집我執'이라고 합니다. 불교의 핵심은, 이 '나'라는 개념이 어떻게 일어나고 어떻게 제거되는가를 밝히는데 있습니다. 결국 '나'에 대한 집착, 즉 아집에 의해 집착과 소유욕이 일어나고, 이것이 업을 이루어 윤회의 긴 바퀴를 굴리는 것입니다. 그렇다면 문제는 어떻게 '무지'로부터 벗어나느냐 하는 것입니다. 이것이 수 천 수만의 법어가 굴러가는 종착지입니다. 진정한 열락과 법열은 이 굳건한 지반 위에서만 얻어지는 것이죠.[3]

육도윤회를 멈추려면 업보를 더 이상 쌓지 않아야하고, 그러기 위해서는 탐욕이 없어져야 하며, 이를 위해서는 마음작용(자기의식)이 꺼져야 합니다. 그러면 이 세계가 연기의 세상임을 알게 되고 그에 따라 세상을 보는 관점과 태도가 바뀝니다. 이 상태가 바로 '욕망의 불이 꺼진' 열반(니르바나)으로, 갈애와 집착 그리고 탐욕이 남김없이 사라진 상태입니다.

불교의 '연기'나 '무아'를 말하면 많은 사람들이 종교의 신비주의적 몽상에 지나지 않는 예기라고 치부합니다. 그러나 아인슈타인에 의해 뉴턴의 고전물리학이 극복된 이후, 눈부신 과학적 성과는 뜻하지 않게 불교의 깨달음이 진리임을 밝히는 여정이었습니다. 과학(물리학 특히 양자역학)과 언

---

3) 이 부분은 졸저 『부의 철학』(제4장, '불교')에서 인용하였습니다. 다만, 첨삭한 곳도 있고 문단 전체를 보충한 곳도 있습니다.

어(철)학의 뛰어난 지성들이 머리를 감싸 매고 연구한 결과 정신과 물질의 실체성을 의심할 수밖에 없으며, 더욱이 정신도 물질도 수많은 연기의 결과물임이 밝혀진 것입니다. 양자역학에 의하면 과거·현재·미래의 일들이 모두 동시다발적으로 발생하고 있으며, 그것들이 모두 서로 연관되어 있다고 합니다.

물리평론가 게리 주커브는 말합니다.

아원자 수준에서는 전체를 구성하는 부분들 사이의 상호관계와 상호작용이 부분들 자체보다 더욱 근원적이다. 운동은 존재한다. 그러나 궁극적으로는 운동하는 실체는 없다. 활동은 존재한다. 그러나 활동하는 자는 없다. 춤추는 자는 없다. 존재하는 것은 오직 춤뿐이다.[4]

불교의 설법이 오버랩되지 않으십니까? 그렇습니다. 오랜 세월 '실체'를 찾아 나선 인류 지성의 역사는 2500여 년 전 불교가 설파한 진리를 확인하는데 이르고 말았던 것이죠. 그 과정에서 많은 연구가들이 놀라움과 함께 불교의 세계관에 빠져들기도 했습니다. 일례로 아인슈타인은 "미래의 종교는 우주적 종교일 것이다. 그것은 인격신을 넘어서야 하고, 도

---

4) 김용호, 『제3의 눈』, 돌베개, 125쪽에서 재인용.

그마와 신학으로 흐르지 않는 것이어야 한다. 동시에 자연적인 것과 영적인 것 모두를 감싸면서, 자연적이고 영적인 모든 사물들을 하나의 의미 있는 통일성에서 경험하는 종교적 감성에 기초해야 한다. 불교는 이런 요구에 부응한다. 만약 어떤 종교가 현대과학의 요구에 결합할 수 있다면, 그것은 불교일 것이다."라고 역설하고 있습니다.

제가 잘 알지도 못하는 과학의 성과를 들먹인 것은, 불교의 깨달음이 결코 뜬구름 잡는 허황된 이야기가 아님을 말하고 싶었기 때문입니다. 물론 지금은 서구 의학에서도 명상의 효과를 심리치료에 응용할 만큼 그 합리성을 인정하고 있습니다만.

그렇다고 붓다는 현실 세계의 무의미함이나 방기를 말하지는 않았습니다. 그의 일상 역시 세상이 마치 자족적이고 지속되는 실체성을 갖고 있기라도 한 듯이 행동하고 말하였고요. 우리들의 통상적인 대상 파악의 방법 역시 방편적으로 인정하였던 것입니다. 이미 그러한 문화를 구축해왔고, 그것을 완전히 부정하고서는 인간 삶이 지속될 수 없기 때문이죠. 다만 그런 이분법적 사고를 하고 그 위에서 문화를 구축하고 삶을 영위하면서도, 늘 연기적 사고를 바탕에 깔고 있어야만 거기서 오는 인간의 숙명적 불행(苦)을 극복해낼 수 있다고 보았습니다. 연기적 사고란, 누차 말했듯이 모든 것이 -물질만이 아니라 정신까지도- 인과 연의 상호관계 속에서 찰나적으로 현상하며, 그래서 만물은 서로 연결되어 있다는 사고를 말합니다. 이런 사고를 가진다면, 현실을 현실대로 살아가면서도 모든 것을 찰나적 생멸로 보고 탐욕을 제거할 수 있게 되지요. 실로 방편적 현실과 참된 진리세계를 모두 훌륭하게 살려내고 있는 가르침 아니겠습니까. 그래서 붓다의 교설을 '더 할 수 없는 최상의 깨달음(無上正覺)'이라고 말하는 것입니다.

그런데 왜 우리는 '연기'와 '무아'인 세계의 실상을 보지 못하는 것일까요? 그것은 마음에 문제가 있기 때문입니다. 마음을 잘못 운용하고 있기 때문이죠. 그 문제를 해결하기 위해 마음의 구조에 관하여 간단히 살펴보기로 하겠습니다.

2. 마음의 구조

°°°**표층의식-에고**

인간의 마음을 공간적으로 나눌 수는 없습니다. 마음은 3차원적 공간에 갇혀 있는 것이 아니기 때문이죠. 따라서 '마음속'이라는 표현도 실은 잘못된 것입니다. 그래도 편의상 비유적으로 말하자면, 마음은 분명 몇 가지 층차(차원)를 갖습니다. 랜턴을 비추면 가운데 가장 밝은 빛부터 점점 엷어져 밝음과 어둠의 경계를 이루는 제일 가장자리의 불빛까지 넓게 원을 형성합니다. 사물을 볼 때 불빛의 어느 부분으로 보느냐에 따라 사물의 모습이 달라지는 것은 물론이지요. 예를 들어, 한밤에 랜턴의 아주 흐린 부분으로 구불구불한 긴 새끼줄을 보면 뱀으로 오인할 수도 있습니다. 사물의 본 모습을 보지 못한 것이죠. 만일 우리가 랜턴 불빛의 가장자리로만 사물을 보는 습관에 젖어있다면, 사물을 올바로 볼 수 있는 중앙의 밝은 불빛이 있음에도 불구하고 그것을 사용할 줄 모릅니다.

마음도 마찬가지입니다. 크게 보아 마음 자체는 하나일지 몰라도 넓은 스펙트럼을 갖습니다. 그리고 마음의 어느 부분으로 세상을 보느냐에 따라 세상은 천양지차를 보입니다.

그 마음의 층차 표층에는, 자의적이고 이기적이며 분별적(이분법적)이고 과거-현재-미래의 시간계열 속에서 활동하는 마음이 있습니다. 이것은 '에고'라고 하는 거짓 자아, 즉 '가아假我'의 마음입니다.

우리가 흔히 '생각'한다고 할 때 주로 이 에고의 활동을 일컫는 것입니다. 자기중심적 삶, 불평, 질투, 증오, 분노, 초조, 불안 등은 에고의 특징이며, 또한 자기 스스로를 강화(습관화)하는 좋은 자양분이 됩니다. 에고에 빠지면 늘 타인과 비교·판단하고 질투하며 허세와 과시욕으로 살아갑니다. 과거나 미래에 얽매이고, 감정에 휘둘리는 것도 바로 에고 때문이죠.

에고는 분리하고 비교·판단하는 마음이기 때문에 고통을 피하고 쾌락을 추구하는 속성을 갖습니다. 따라서 항상 불만족이 자리하고 있으며, 그것을 채워줄 무엇인가를 끊임없이 찾아다닙니다. 그리고는 주로 부(재물)를 비롯한 외적 대상에서 그 욕구를 채우려고 합니다. 예를 들면, 권력, 명예, 지위, 지식, 외모 등을 들 수 있지요. 그러나 외적 대상의 성취는 그 특성상 늘 부족함을 느끼게 마련입니다. 따라서 에고는 불안하고 상처받기 쉬우며, 불평불만을 달고 살아갑니다. 앞서 말한 실체로서의 '자아' 관념 역시 에고의 산물입니다.

에고는 나와 너, 나와 자연이 하나인 세계에 대해서 속수 무책입니다. 나와 타자 사이에 가공되고 왜곡된 의식으로 장막을 침으로써, 우리가 '있는 그대로'의 실상을 인식하는데 오히려 방해가 될 뿐이죠. 에고로는 존재의 본질 깊숙이 들어갈 수가 없고, 따라서 거기에는 진정한 사랑과 공감과 이해는 들어설 여지가 없습니다. 또한 과거-현재-미래라는 시간 계열 속에 거주하므로, 순수한 '현재'에 들어갈 수도 없습니다.

따라서 에고는 현상을 넘어선 존재에 대해서는 알 수가 없습니다. 꽃의 진정한 (본질적)아름다움은 에고가 알 수 있는 성질의 것이 아닙니다. 오직 통상적으로 사용하는 습관화된 피상적 아름다움만을 인식할 수 있을 뿐입니다. 나무의 피상적 정보는 알아도 나무의 본질은 알 수 없는 것이죠. 이것이 지식과 지혜의 차이입니다.

물론 에고도 인간이 살아가기 위해 필요합니다. 헤아리고, 비교하고, 분석하며, 판단하는 에고는 우리의 생존을 유지하는데 없어서는 안 될 중요한 수단입니다. 우리의 현실적 삶에는 이러한 활동도 필요하기 때문이죠. 다만 인간이 언제부턴가 이 에고를 너무 즐기게 되었고, 필요한 것을 이것에 의존해서만 구하게 되면서 에고가 절대적 힘을 휘두르게 되었습니다. 사실 세상이 에고의 체계 안에서 돌아가고 있다고 해도 과언이 아닙니다. 현실적 삶을 영위하기 위해 방편적으로 필요한 부분에서만 사용해야함에도 불구하고 우리는 삶의 전 영역에 에고를 사용하고 있는 것이죠.

인류의 역사로 보건대 에고가 마음의 주된 활동이 된 것은 사실 그리 길지 않습니다. 그러나 그 길지 않은 시간 내에 에고는 인간 마음을 온통 차지하는 중심이 되었습니다. 이에 분별지를 넘어서는 절대적 마음, 이타적 마음, 영적 마음이 있다는 것은 깨끗이 잊어버렸죠. 이제 우리는 오로지 에고에서 오는 쾌락과 고통에 일희일비하면서 살고 있습니다.

그런데 에고의 부작용을 알아도 그것을 고치기가 어렵습니다. 왜 그럴까요? 고치려는 그 마음 역시 에고이기 때문입니다. 다행히 마음의 심층에는 또 다른 마음, '심층의식'이라 불리는 것이 있습니다. 에고를 적절히 통제하여 올바로 사용하기 위해서는 바로 이 심층의식을 활성화시켜야 합니다.

∘∘∘심층의식-불성, 진여

마음의 또 다른 층차 즉 심층에는 타인을 배려하고 공감하며 사랑하는, 나아가 천지자연과 내가 본래 하나임을 인식할 수 있는 마음이 있습니다. '물아일체' '자타불이'의 마음으로, 신과 인간, 인간과 동물, 삶과 죽음을 연결된 하나로 보고,

심지어는 과거-현재-미래로 이어지는 시간 계열조차 없는 비이분법적·통합적 사고를 하는 마음입니다. 표층의식과 구분하여 이것을 '심층의식'이라 합니다(표층의식/심층의식의 구분 외에도, 내용은 조금씩 달리하지만 소아/대아, 소체/대체, 본능/본성, 유위/무위, 생멸문/진여문, 분별지/통합지, 인심/도심 등 다양한 구별이 있습니다). 심층의 '의식'이라고 표현하긴 해도 일반적으로 말하는 '의식'과는 전혀 다른 차원의 것입니다. 그것은 대상에 대한 구별이 모두 사라진 자리에 홀연히 드러나는 '초월적 의식'입니다. 수많은 선각자와 현자들이 찾아 헤매던 마음이 바로 이것 아닐까요?

존재 a와 b는 표층에서 활동하는 의식(표층의식)으로 보면 분명 분리된 존재이지만, 심층의식의 눈으로 보면 서로 연결되어 있는 하나입니다. 떨어져 있는 섬들이 바다 밑에서는 하나로 연결되어 있는 것과 같지요. 표층의식은 대상을 분리하고 비교·판단하여 인식하지만, 심층의식은 대상과 하나 되는 방식으로 인식합니다. 심층의식에 들어가기 위해서는 사려분별을 멈추고 마음을 비워야 하는 까닭이지요. 여기에서는 분리된 것처럼만 보이던 사물들이 '쪼갤 수 없는 '온전(whole)'의 일부로 나타납니다. '온전' 속에서 부분은 전체를 품고, 전체는 부분에 스며있습니다. 화엄경의 세계관인 '일즉다, 다즉일(一即多, 多即一)'은 바로 이것을 말한 것입니다. 노자 역시 개념적 분별을 하나하나씩 제거하여 그것들이 완전히 없어졌을 때, 즉 무(無)가 되었을 때 비로소 존재의 공통 지평인 도(道)에 이를 수 있음을 말하고 있습니다.

이 마음으로 보면 세계는 '클라인의 병' 또는 뫼비우스의 띠와 같이 앞면과 뒷면, 내부와 외부의 구분이 없습니다. 따라서 주위 세계로부터 분리된 '나'도 없습니다. 이러한 마음을 '진여' '불성' 등으로 칭합니다.

행복은 바로 이 심층의식의 활동에서 오는 것입니다.

행복('happiness'의 본래 의미는 신과 연계된 행운의 의미)의 어원은 'happen'으로, 느닷없이 생각지도 않은 신의 은총을 받았다는 의미가 담겨 있습니다. 참고로, 중국어 '복(福)'도 인간이 신에게 제물을 바쳤을 때 신으로부터 주어지는 보답의 의미를 갖고 있죠. 신의 은총은 일상적인 시간을 수직으로 가르듯이 해서 인간세계로 갑자기 내려오는 것, 즉 평범하게 흘러가는 일상세계의 시간 속으로 돌연히 이질적인 구조를 가진 (신의) 시간이 수직으로 개입해오는 것을 뜻합니다.

시간의 흐름에 속하지 않는 것, 과거-현재-미래라는 시간 계열의 밖에 있는 것이 시간의 사이클로 끼어들어 올 때 'happiness'의 상태가 실현됩니다.[5] 다시 말해, 표층의식 속으로 심층의식이 끼어 들어옴으로써, 이분법적 사고를 벗어나 분리되어 있던 타자와 하나 됨을 느끼는 것이 바로 행복입니다. 새파란 하늘에 새하얀 뭉게구름이 흐르고 은빛 햇살로 온 천지가 반짝이며, 그것들이 '나'와 하나가 되어 돌아가고 있음을 자각할 때 뭉클한 감동을 느낍니다. 바위의 고독한 침묵 속에 물 흐르는 소리와 새들의 수런거림과 지친 나그네의 휴식이 담겨있음을 아는 바로 이때가 심층의식이 표층에서 활동하는 순간이고, 행복이 체험되는 순간입니다.

우리는 통상 이분법적 사고를 행하는 표층의식으로만 세상을 보기 때문에 심층의식의 존재를 알지 못할 뿐 아니라 심지어 부정합니다. 그러나 의식의 심층에 통합적 사고(비이분법적사고)는 분명히 존재하고, 이 마음을 통해 우리는 궁극적 시원에 직접 연결되어 있습니다. 고대의 현생인류, 그러니까 우리들의 먼 조상들에게는 이 마음이 현실 속에서 왕성하게 활동하고 있었습니다. 이것을 잘 보여주고 있는 것이 각국에 남아 있는 '신화'입니다. 신화는 자연과 인간이 대화했던 시기의 산물로, 신과 인간의 교류는 물론 인간과 동물의 형태를 한 몸에 지닌 존재들이 일상적으로 등장합니다(상반신은 사람이고 하반신은 말의 모습을 한 켄타우로스, 사자의 몸에 새 머리를 한 그리핀을 예로 들 수 있습니다.

5) 나카자와 신이치, 『대칭성인류학』, 동아시아, 232쪽.

중국 신화의 신농도 인신우두의 형상을 하고 있으며, 복희와 여와는 인면수신의 모습을 하고 있습니다. 신과 인간의 경계를 오가는 존재들 또한 적지 않습니다). 삶과 죽음이 극명하게 갈라지지 않아 이승과 저승을 오가는 존재들의 모습 또한 종종 등장합니다. 신화적 사고에서는 시간, 삶과 죽음, 신과 인간과 동물은, 지금의 우리들이 생각하듯 불가역적으로 고정된 어떤 것이 아니었습니다.

　신화적 사고가 행해지던 시기의 인간에게는, 이분법에 의해 움직이는 '마음'과, 비이분법적이고 통합적인 사고로 작동하는 '마음'이 함께 활동하고 있었습니다. 서로 다른 체계의 두 사고가 매끄럽게 접속되어, 사람들의 '마음'은 자유롭게 어느 영역에나 출입이 가능했던 것이죠. 그러나 점차 이분법적 사고가 전면에 나서면서 마음의 우위를 점하게 됩니다. 이와 동시에 통합적 사고는 현실적 힘을 잃고 마음의 저층으로 가라앉아 '심층의식'을 형성하게 되었지요.

　사실 '신화시대'만이 아니라 근래까지도 '심층의식'을 중시하는 삶의 형태가 존재했고, 지금도 일부 부족에게 보이고 있습니다. 예를 들어 인디언의 마음을 한 번 들여다볼까요. 이분법적 사고와 비이분법적 사고의 차이를 잘 볼 수 있으며, 아울러 이를 사용하는 각기 다른 두 사회의 문화적 차이를 엿볼 수 있습니다.

다음 문장은, 이제는 너무나도 유명한, 전설이 되어버린 시애틀 추장의 연설문입니다.

우리는 우리의 땅을 사겠다는 당신들의 제안에 심사숙고할 것이다. 하지만 우리 부족은 물을 것이다. 얼굴 흰 추장(백인)이 사고자 하는 것이 무엇인가를. 그것은 우리로서는 무척 이해하기 힘든 일이다. 우리가 어떻게 공기를 사고 팔 수 있단 말인가? 대지의 따뜻함을 어떻게 사고판단 말인가? 우리로선 상상하기조차 어려운 일이다. 부드러운 공기와 재잘거리는 시냇물을 우리가 어떻게 소유할 수 있으며, 또한 소유하지도 않은 것을 어떻게 사고 팔 수 있단 말인가? 햇살 속에 반짝이는 소나무들, 모래사장, 검은 숲에 걸려 있는 안개, 눈길 닿는 모든 곳, 잉잉대는 꿀벌 한 마리까지도 우리의 기억과 가슴속에서는 모두 다 신성한 것들이다. 나무에서 솟아오르는 수액은 우리 얼굴 붉은 사람들(인디언)의 기억 속에 고스란히 살아 있다. 우리는 대지의 일부분이며, 대지는 우리의 일부분이다. 들꽃은 우리의 누이이고, 순록과 말과 독수리는 우리의 형제다. 강의 물결과 초원에 핀 꽃들의 수액, 조랑말의 땀과 인간의 땀은 모두 하나다. 모두가 같은 부족, 우리의 부족이다.……. 세상의 모든 것은 하나로 연결되어 있다. 대지에게 일어나는 일은 대지의 아들들에게도 일어난다. 사람이 삶의 거미줄을 짜나아가는 것이 아니다. 사람 역시 한 올의 거미줄에 불과하다. 따라서 그가 거미줄에 가하는 행동은 반드시 그

자신에게 되돌아오게 마련이다.[6]

구구절절 감동적인 이 연설문은, 우리 인간에게 자연과 하나임을 자각하는 마음이 존재하고 있음을 여실히 보여주고 있습니다. 그들은 말만이 아니라 실제로 그런 삶을 살아왔습니다. 적어도 이분법적 지식으로 무장하여 물리적 힘을 얻고, 이를 사용하여 폭력을 휘두르는 자들이 그들의 삶터를 침범하여 대규모 학살을 자행하기 전까지는.

데이비드 웨이고너의 〈별들의 침묵〉이라는 글 하나만 더 소개하겠습니다. 우리가 얼마나 에고의 사고에 젖어 지내는지 알았으면 하는 마음이 간절하기 때문입니다.

한 백인 인류학자가 연구를 위해 칼라하리 사막에 왔나 봅니다. 어느 날 밤, 부시맨들과 이야기를 나누다 자신은 별들의 노랫소리를 들을 수 없다고 말했습니다. 그러자 부시맨들은 그의 말을 믿을 수 없어 하면서 농담이거나 거짓말이라 여겼답니다. 그리고는 그 인류학자를 언덕 위로 데려가 밤하

---

6) 1854년 수콰미시 족과 두와미시 족 원주민들을 강제된 보호 구역 안으로 밀어 넣기 위해 백인 관리 아이삭 스티븐스가 시애틀의 퓨젓 사운드에 도착했을 때 시애틀의 인디언 추장이 행한 연설(류시화의 『나는 왜 너가 아니고 나인가』에서 인용).

늘 아래 서서 귀를 기울이게 했지요. 그리고는 속삭이듯 물었습니다. "이제는 별들의 노랫소리가 들립니까?" 인류학자는 아무리 해도 들리지 않는다고 대답했지요. 그러자 그들은 그를 아픈 사람처럼 천천히 모닥불로 데려가 몸을 따뜻하게 해주며 참으로 안 된 일이라고, 참으로 유감이라고 말했답니다. 그러나 그 인류학자는 자기야 말로 진정 유감이었답니다. "언제부터인가/ 자신과 자신의 조상들이/ 듣는 능력을 잃어버린 것에 대해"서 말이죠.

그가 말하고 있듯 이제 이러한 통합적 사고는 우리의 마음에서 잘 드러나지 않습니다. 우리가 별로 사용하지 않고 있기 때문입니다. 우리는 오히려 에고를 예리하게 벼리는 데만 심혈을 기울이고 있지요. 왜냐고요? 현대문명에서는 이것이 힘과 권력, 이득을 얻게 해주는 것이며, 우리들이 원하는 것이 바로 힘과 권력 그리고 이득이기 때문입니다.

우리 마음의 좁은 틀, 그것도 왜곡된 틀에서 벗어나 이제 새로운 인식의 문을 열어야 합니다. 신체도 각 부분이 균형을 이루어야 건강하듯 마음도 균형이 중요합니다. 마음의 균형이란 표층의식과 심층의식이 각기 자기 영역에서 활동하는 것이며, '불행·괴로움(苦)'이란 이 균형이 깨졌을 때 일어나는 현상입니다.

그런데 마음을 올바로 사용하는 것은 머리로 이해한다고

되는 것이 아닙니다. 두꺼운 업장을 녹이고, 억겁에 걸친 마음의 습관을 바꾸기 위한 끈질긴 실천노력에 의해서만 가능합니다. 인식틀 자체의 대전환이 필요한 것이죠. 그 실천방법이 바로 '(위빠사나)명상'입니다. 명상은 에고가 사고의 주류적 위치를 점하게 되면서 심층으로 숨어들었던 -옛날에는 표층에서 활동했던- 통합적 사고를 끄집어내는 것입니다. 위빠사나 명상의 '알아차림'이 에고를 걷어내면, 우리 삶의 체험 전체가 바뀌는 기적이 일어나게 됩니다.

그럼, 이제부터 명상에 관하여 살펴보기로 하겠습니다.

IV

• • • • • •

명상하는 인간(호모 메디타티오)

1. 명상 수행에 앞서

∘∘∘명상의 기원 및 전개

앞에서 우리의 삶은 결국 마음먹기에 달려 있다고 했습니다. 그런데 어떻게 마음을 먹을 것인가, 이게 중요하지 않겠습니까. 평소 "이제부터는 달라져야지"하고 결심하지만, 그 마음은 장작불에 내려앉은 눈보다도 빨리 사그라져 흔적도 없이 사라집니다. 어떻게 해야 '마음먹기'가 굳건히 이루어져 실천에까지 연결될 수 있을까요. 우리 인류는 먼 옛날부터 그 방법을 끈질기게 찾아왔습니다. 그들이 찾아낸 방법 중 적어도 지금까지는 가장 현실성 있고 효과적인 것이 '명상'이라고 생각합니다.

유구한 전통을 갖고 있는 명상이지만, 아직도 많은 사람들이 명상이 무엇이냐고 묻습니다. 물론 명상이란 말은 많이 들어봤고 그 단어의 뜻은 알고 있을 겁니다. 그들이 묻는 것은 도대체 명상이 왜 필요하고, 어떻게 하는 것이며, 어째서 효과가 있는지 알고 싶기 때문이겠죠.

지금부터 이러한 문제들을 하나하나 풀어가도록 하겠습니다.

인류는 왜 명상을 시작했을까요. 신과의 조우? 자연의 신비로운 소리에 귀 기울이기 위해? 내면의 부르짖음에 답하기 위해? 아마 이 모든 것이 다 연관되어 있지 않을까요.

'명상冥想'은 'meditation'의 번역어로 탄생한 용어입니다. 'meditation'은 'meditatio'라는 라틴어에서 유래된 말로, 기독교 문화에 전해진 후 '마음속에 신을 생생하게 떠오르게 한다'는 의미로 사용되었습니다. 그런데 불교가 서양에 전파된 후 서양인들은 요가나 불교의 선정禪定 등도 'meditation'으로 번역하여 사용하였습니다. 바로 이 'meditation'이 동양에 역수입되었을 때 일본인들이 '요가'나 '선정' 등의 기존 불교 용어가 아닌 '명상'이라는 새 단어로 번역하였던 것이죠. 아마 'meditation'에는 이미 기독교의 '묵상'이라는 뜻도 혼합되어 있었기 때문이리라 생각합니다. 여하튼 이런 과정을 거치면서 'meditation'의 번역어로서의 '명상'이 탄생했고, 거기에는 '한 대상에 마음을 집중시키거나 마음을 고요히 가라앉힘으로써 무심한 평정의 상태를 유지함', 또는 '마음을 고요히 가라앉혀 신 -예수 그리스도나 성모마리아 등- 을 묵상'한다는 뜻이 담겨있게 됩니다.

너무 오래 전의 일이라 확증할 수는 없지만, 약 5천여 년 전부터 명상이 행해졌다고 합니다. 물론 마음에 주의를 기울이는 수행 자체는 인류 역사와 시간을 같이 하겠지만, 치밀하게 체계화된 의미로서의 명상이 그렇다는 것입니다. 문헌상으로는 인도의 베다(Hindu Vedas of India)가 명상에 관해 언급한 가장 오래된 서적입니다.

인도에서는 오래 전부터 내면에 깊이 침잠하는 수행법이 널리 퍼져 있었습니다. '요가'가 그것이죠. 요가는 호흡을 조절하여 심신을 통일하고 이를 통해 초자연적 힘을 얻고자 했던 수행을 말합니다. 요가수행자들은 주로 인더스·갠지스강 유역의 삼림이나 들판의 나무 아래 정좌하여 명상에 잠기곤 했습니다. 이후 요가 전통은 불교, 자이나교, 바라문교 등의 종교에 도입되어 각기 알맞은 형태로 발전해갑니다. 특히 불교의 유식학파는 요가를 깊이 연구하였지요. 그들은 초자연적 능력을 얻고자 한 것이 아니라 사물을 관찰하고 사고하는 방법, 표층의식을 가라앉히고 깊이 침잠하여 심층의식을 드러내는 방법을 알아내고자 요가에 전념하였습니다. 인도 불교의 명상법은 주로 '집중'을 중심으로 하는 '사마타'와, '알아차림'을 중심으로 하는 '위빠사나' 명상법으로 전개됩니다.

불교는 중국에 전해져 중국화된 불교로 발전하는데, 그 대표적인 것이 바로 선종입니다. 선종에서는 인도 불교의 명상법을 선정(禪定)으로 발전시켜 '간화선(화두를 참구하는 수행법)'이라는 독특한 명상법을 개발하는데, 이는 역으로 요가에 영향을 주어 요가 수행의 한 맥을 형성하기도 합니다.

중국에서는 불교가 전래되기 이전에 이미 나름대로의 명상법을 갖고 있었습니다. 도가의 '심재좌망(心齋坐忘)'이 대표적입니다. 다만 그 실천방법에 있어서 치밀하지는 못했는데, 후에 불교의 영향을 받은 도교에서 깊이 있게 발전합니다.

중국불교의 수행법은 유교에도 강한 영향을 끼칩니다. 유교의 거두 주자는 '반일정좌(半日靜坐), 반일독서(半日讀書)'를 평생 실천해오면서 '거경궁리(居敬窮理)'라는 유학적 수행법을 창안합니다. 그의 정치한 이기론(理氣論)적 철학은 그 토대 위에서 탄생한 것입니다. 주자와 쌍벽을 이루는 양명학의 개창자 왕양명 역시 불교수행법을 유교에 도입하여 '치양지(致良知)'라는 독특한 수행법을 제시합니다. 이후 주자학과 양명학은 각기 분파를 형성하는데, 이는 수행법의 미묘한 차이를 둘러싼 논쟁에서 비롯된 것입니다.

90

그밖에 인도 불교가 티베트에 전해져 탄생한 라마교의 밀교수행법(탄트라)도 있습니다.

물론 서양도 오랜 명상전통을 갖고 있습니다. 그 대표적인 것으로 유대교의 카발라(Kabbalah), 기독교의 기도와 묵상 등이 있습니다. 개신교는 수도 자체에는 상대적으로 관심이 희박했습니다. 대신 하느님의 말씀에 따라 경건한 윤리와 청정한 자세로 일상생활을 영위할 것을 강조했는데 청교도에 특히 이런 색채가 강했죠. 플라톤이 '이데아'를 상기하는 방법으로 명상을 제시하였음은 널리 알려진 사실입니다. 소크라테스와 아리스토텔레스 역시 명상에 깊은 관심을 갖고 있었고요. 그 외에 피타고라스학파도 나름대로의 명상법을 갖고 있었습니다. 그리스도교 신비주의자 쿠자누스(Nicholas Cczanus)는 직접 인도에 가서 명상법을 배워왔다고 할 정도로 명상에 심혈을 기울였지요. 그의 『명상의 정점』은 짧지만 매우 강렬한 저서로 알려져 있습니다. 이후 실존주의 철학자나 실존주의적 신학자들에게서 명상은 주요 테마로 다루어집니다.

∘∘∘명상의 현황

위와 같은 명상의 전통은 오랜 세월이 흐르면서 많은 부침을 받았습니다. 서양에서는 과학적 사고가 발달한 이래 그 전통이 많이 약해졌고 그나마 동양에서 그 맥을 이어왔습니다. 그러나 동양도 서양식 사고의 영향을 받게 되면서 한동안 명상을 신비주의로 취급하고 도외시하기도 했습니다.

여기서 잠깐 그 과정에 대해 간략히 언급하겠습니다. 아쉬움이 크기 때문입니다.

동양철학의 정수는 '마음공부(명상)'에 있습니다. 여기서 얻은 깨달음을 토대로 세상살이를 설명한 것이 바로 동양철학입니다. 이것은 지식을 연마하여 세운 이론과는 근본적으로 다릅니다. 각기 장·단점이 있겠습니다만, 지식으로 세운 이론은 실제로 삶의 행복을 가져오기가 어렵고, 탐욕이나 지적 유희에 빠질 염려 또한 큽니다.

그런데 이 중요한 동양전통의 자산은 근대에 들어오면서 서양의 학문에 밀려 빛을 보지 못하고 무대 뒤로 사라집니다. 오늘날의 동양철학은 기껏해야 서양철학의 학문적 방법론을 빌려와 주로 존재론을 중심으로 전개되고 있는 실정이죠. 물론 거기에는 이유가 있습니다. 앞서 물질문명의 발전을 이룬 서양을 따라잡고자 하는 갈망과, 서양 학문 자체가 가진 방법론의 장점, 즉 개념의 명확성, 논리성, 객관성 등이 동양학자들에게 매력적으로 보였기 때문이죠. 그 서양전통의 사고가 '명상'을 학문에서 제외시켰습니다. 객관성을 담보할 수 없다는 이유로 말이죠. 객관성을 생명으로 하는 서양의 학문 방법론에 의하면 당연한 결과라고 하겠습니다.

그러나 동양전통철학의 입장에서 보면 이는 어불성설입니다. 내 마음속 본성의 세계, 심층의식의 세계, 불교적 청점심의 세계는 서양식 지식 위주의 논리로 설명할 수 있는 부분이 아닙니다. 서양적 학문 방법론으로는 접근할 수 없는 영역인 것이죠. 명상은 객관성을 확보하기 어렵기 때문에 학문으로 규정하기 어렵다고 하는 것도 '학문'을 서양식 잣대로만 보기 때문입니다. 이미 동양의 전통 철학자들은 명상을 통해 훌륭한 철학을 구축하지 않았습니까. 동양 전통철학의 세계관이 '학문'이라는 틀 속에서 토론될 수 있다면, 명상을 통한 깨달음이 주관적이라는 이유로 '학문'에서 배제되어야 할 아무런 근거도 없습니다. 물론 '명상'만을 따로 떼어 하나의 학문 분과로 설정해야 한다는 것은 아닙니다. 다만 내적 공부를 통해 세계도상을 이해하는 명상 체험이 동양철학 연구 방법의 하나로 도입되어야 한다는 것을 말하고 싶을 따름입니다.

물론 기존 연구에서도 마음공부(명상)에 관한 연구 성과가 없는 것은 아닙니다. 그러나 기존의 연구는 수행체험 없이 논리적인 서양학문을 답습하여 이론적으로만 연구해왔을 뿐입니다. 그것은 참된 의미의 마음공부에 관한 연구라고 할 수 없습니다. 자신의 실천수양에 기반하여 그 방법, 내용, 장·단점 등을 치밀하게 분석하고, 이것을 타인들의 실천 체험과 비교·토의하면서 새로운 철학체계를 구축하는 것이야 말로 동양철학의 본 모습입니다. 이 귀중한 자산이 오랜 세월 정체되고 있다는 것은 매우 안타까운 일입니다.

다행히 얼마 전부터 서구에서 동양 명상법이 다시 부활하고 있다고 하니 반가운 소식입니다. 사실 이미 오래 전에 위대한 역사학자 토인비는 "동양의 불교가 서양의 기독교를 대체"할 것임을 예측했고, 『춤추는 물리』의 저자 게리 주커브는 "21세기의 물리교과에는 명상시간이 생길지도 모른다."고 주장했었죠.

부활의 신호탄은 1960년대 정신분석학에 기초한 심리치료 전문가들에 의해 시작되었습니다. 이들은 불교 명상을 마음치료에 응용하였는데 1990년대 들어와 괄목할만한 성장을 이룹니다. 특히 1980년대 존 카밧진이 마음챙김(위빠사나 명상)에 근거한 '스트레스 완화(MBSR)'를 의료적 심리치료에 활용하면서 불교적 명상법이 종교적인 맥락을 떠나 일반대중에게 널리 알려지고 실천되기에 이릅니다. 물론 그 이전에 키에르 케고르나 니체 등 실존주의자들이 명상에 깊은 관심을 보였으며, 칼 융은 일생동안 불교를 비롯한 동양 명상법에 심취했다고 합니다. 에리히 프롬과 토마스 머튼도 명상을 통해 인간의 한계상황을 극복하고 행복한 삶을 실현하고자 하였습니다. 이후 제임스 오스틴의 『선과 뇌』는 명상과 뇌과학(신경현상학)을 연결시키는 촉매 역할을 하게 되었고, 현재 뇌(신경)과학과 명상의 융합연구는 하루가 다르게 깊이를 더해가고 있습니다.

그러나 아직도 많은 사람들이 명상이라는 것에 의구심을 품고 있습니다. 일종의 유사 종교로 취급하기도 하고, 또는 근거 없는 허황된 이야기라든지 아무 효과도 없을 것이라는 선입관을 갖고 있습니다. 사실 명상만이 아니라 종교, 의학 등 동양학 전체에 관해 그렇게 생각하는 경향이 있습니다. 그러나 단언컨대 명상 특히 위빠사나 명상은 매우 합리적인 방법이고 분명 효과가 있습니다. 다만 내면에 대한 인간 지식이 부족하고, 눈에 보이는 것만을 믿는 서양적 학문방법에 밀려 오랫동안 오해를 받아왔던 것입니다. 사실 선조들의 값진 지혜들이 서슬 퍼런 과학의 위세 속에서 '미신'이라는 이름으로 사라져갔습니다. 가슴 아픈 일입니다. 인류에게도 엄청난 손해고요.

명상에 거부감이 없는 사람들 중에도, 명상은 종교적 구도자나 은둔자들만의 수행이라거나, 초자연적 힘과 능력을 믿는 사람들에게나 중요한 것이라고 생각하는 사람들이 적지 않습니다. 그러나 명상은 우리 마음의 잠재력을 최대한도로 이끌어내고 응축해내기 위한 기술입니다. 명상은 초자연적 능력을 희구하거나 염력을 추구하는 것이 아닙니다. 평소 드러나지 못하고 있는 심층의식을 끌어내어 표층의식의 월권을 제어하고, 이를 통해 왜곡된 시각으로 바라보던 현실을 '있는 그대로' 보고자 하는 훈련입니다. 안 쓰는 근육을 찾아내듯, 안 쓰는 마음을 찾아내어 사용하는 것이죠.

물론 명상이 경제적 부나 지위 상승, 집 짓는 일이나 시장에서 물건 값을 잘 흥정하는 기술을 직접적으로 가르쳐주지는 않습니다. 따라서 이러한 것을 추구하는 많은 현대인들이 명상을 도외시해 온 것도 어찌 보면 당연하다고 할 수 있습니다. 그러나 물질문명의 한계를 느끼고 그 문제점을 간파하면서 점차 내적 영성에 관심을 갖는 사람들이 늘고 있습니다. 바람직한 현상입니다. 그 바람이 서양에서 동양으로 불어오는 것이 좀 아쉽기는 하지만요. 사실 우리는 우리 것에 너무 인색합니다. 서양에서 인정을 받아야 비로소 유난을 떨며 활황을 맞이하게 되지요. 예를 들면 스티브 잡스의 명상 사랑을 보고, "와, 명상이 좋은 거구나!"하는 식입니다.

글로벌 기업 구글이 오래 전부터 '마음챙김(Mindfulness)' 명상법을 기반으로 한 직원 교육 프로그램을 자체적으로 개

96

발해 활용하고 있다는 것은 널리 알려진 사실입니다. 그 외에 골드만삭스, 블랙록, 뱅크오브아메리카 역시 이미 오래 전에 마음챙김 수련 프로그램을 시작했습니다. 최근에는 나이키, 야후와 같은 세계 10대 기업이 명상을 사내 프로그램 중 하나로 도입했다는 온라인 엠비에이의 기사가 화제가 되기도 했습니다. 그밖에도 수많은 유명 기업에서 명상프로그램을 시행하고 있습니다. 특히 광고, 미디어, 서비스 관련 기업들은 적극적으로 명상을 도입하는 중에 있습니다.

왜 이렇게 많은 기업들이 명상프로그램을 도입하고 있을까요? 명상이 집중력과 자기통제력 강화에 따른 업무능력 향상, 스트레스와 긴장 완화, 부드러운 대인관계 등에 좋다는 것이 입증되었기 때문입니다. 기업의 입장에서 손익계산서를 맞춰본 결과지요. 그러나 어떤 이유에서든 명상이 활성화되는 것은 바람직한 일입니다. 명상을 하다보면, 여러 방면에서 우리 삶의 질이 몰라보게 좋아진다는 것을 자연히 알게 될테니까요.

서양인들에게 이제 불교나 명상은 전혀 위화감이 없는 듯합니다. 이미 오래 전인 2003년 8월 4일자 타임지에 의하면, 미국에서는 이미 수천만 명 이상이 매일 명상을 실천하고 있다고 하며, 조깅하던 사람들로 붐볐던 미국의 공원이 이제는 조용히 앉아 명상하는 사람들로 가득하다고도 합니다. 시장조사 전문기관인 마켓데이터 엔터프라이즈는 명상산업 규모가 매년 11%씩 성장하여 2022년에는 2조 5000억 원의 시장이 될 것으로 전망하고 있습니다.

서구에서 불교 사원이 증가하고 있는 것도 주목할 만한 현상이지만, 근래 들어 국제공항에까지 명상룸이 설치되는 것을 보면 명상이 얼마나 주목받고 있는지 잘 알 수 있습니다. 뉴욕 주 알바니 국제공항, 캘리포니아 주 샌프란시스코와 샌디에이고, 영국 런던의 히스로우 국제공항, 네덜란드 암스테르담 국제공항, 스위스 제네바의 코인트린 국제공항, 독일 뒤셀도르프 국제공항 등에 명상룸이 준비되어 있다고 하는데,[7] 명상에 관심이 있는 사람은 물론, 그냥 좀 쉬고 싶은 환승객에게도 더없이 좋을듯합니다.

이런 세계적 분위기를 타고, 우리나라에서도 명상센터 수가 증가하고 있는 추세입니다. 많은 사찰이 명상 강좌를 개설하여 일반인들에게 명상법을 전파하고 있고요. 이에 발맞추어 명상 관계 서적이 매년 다수 출판되고 있는 점도 매우 고무적입니다. KAIST에도 2018년 '명상과학연구소'가 개소되어 활동하고 있습니다. 제 개인적 의견일지 모르겠습니다만, 명상 붐은 이제부터 시작입니다. 자본주의의 병폐가 심

---

7) 와타나베 아이코,『세계의 엘리트는 왜 명상을 하는가』, 반니, 39-40쪽.

화될수록, 삶의 질이 하락하면 할수록 명상은 확산될 것입니다. 다만 기존의 명상센터들이 자격증을 만들어 '명상지도사' 자격증을 주면서 수강생을 끌어들이는 것은 문제가 있다고 생각합니다. 이미 민간자격증의 많은 병폐가 제기된 바, 명상도 그런 전철을 밟을까 두렵기 때문입니다.

∘∘∘명상의 효과

사실 이 책 전체가 명상의 효과에 관한 내용이라고 할 수 있습니다. 내적 고요와 이를 통한 마음의 평화와 행복이 그것이죠.

여기서는 그 외의 효과에 대하여 간단히 설명하기로 하겠습니다.

바쁘고 복잡하게 살아가는 사람일수록, 감정의 기복이 심한 사람일수록, 불안한 감정에 예민할 사람일수록 명상을 하면 삶의 질이 눈에 띄게 좋아진다고 확실히 말할 수 있습니다. 매일 명상을 반복하면 일상생활에서의 스트레스 감소라든가 집중력 향상, 평상심 유지, 직관력과 통찰력·창의력·직감의 발달 등 헤아릴 수 없이 많은 긍정적 효과를 실감하게 될 것입니다. 자기도 모르는 사이에 이러한 능력들이 강화됩니다.

명상에 빠지면 일상을 등한시하게 된다고 우려를 표하는 사람도 있습니다. 그러나 명상은 일상적 목표를 달성하기 위한 시도와도 얼마든지 함께 이루어질 수 있습니다. 예전보다 훨씬 더 집중적이고 효과적인 방식으로 말이죠. 명상을 하면 집중력이 높아짐에 따라 우리가 무슨 행동을 하던 그 성취도가 비교할 수 없이 향상되니까요. 사실 명상은 '현실 도피'가 아니라 진정한 의미에서의 '현실 참여'라고 할 수 있습니다.

기억력과 집중력 향상은 당연히 학문을 비롯한 업무능력 향상에 도움이 될 수 있습니다.

옛날 진열(陳烈)선생은 독서해도 기억력이 나빠 바로 잊어버렸고, 그로 인해 마음고생이 심했나 봅니다. 어느 날 『맹자』의 "학문의 도는 다른 것이 아니라 그 방심(내쳐버린 마음)을 찾는 것일 뿐이다"는 구절을 보고 돌연 깨달았습니다. 이에 "내 방심조차 구할 수가 없는데 어찌하여 서적에 있는 것을 기억할 수 있겠는가!" 하면서 마침내 문을 걸어 잠그고 정좌하여 백여 일 간 독서하지 않고 방심을 구하였지요. 그리고 나서 책을 읽자 이번에는 단 한 번 읽는 것만으로도 잊어먹지 않게 되었다고 합니다.

위에 열거한 정신적 충만은 신체에도 긍정적 효과를 가져옵니다. 불교(유식학파)에 '안위동일(安危同一)'이라는 말이 있습니다. '아뢰야식'(제8식)과 '유근식'(신체)이 긴밀히 연계되어 양자의 감정 상태가 동일하다는 것입니다. 다시 말해, 마음이 평안한 상태('安')에 있으면 신체도 편안한 상태가 되고, 반대로 위급한 상태('危')에 있으면 신체도 건강을 잃는다는 것입니다. 물론 그 역도 성립하지요. 즉 신체의 상태에 따라 마음의 상태도 변하게 됩니다. 흔히들 '마음과 몸은 하나'라고 말하는 게 그것입니다.

마음이 평안하여 깊은 의식이 행해지면, 몸의 신경, 혈관, 장기 등도 건강하게 깨어납니다. 따라서 명상은 노화예방, 면역체계 강화, 각종 질환 예방 및 치료에 효과가 있고, 이것은 이미 현대의학으로 입증되었습니다. 또한 불면증 치료, 흡연욕구 약화, 저체온증 치료와 예방, 노이로제, 만성 위장병, 호르몬 불균형에서 오는 고혈압, 혈액순환 등의 치료에 효과가 있습니다.

부교감신경계의 활성화, 뇌마, 해마, 전전두피질의 회색질 증가, 기분을 관장하는 좌측 전두엽 활성화, 스트레스 연관 호르몬인 코티솔 레벨의 저하, 면역계 강화, 다양한 심혈관계의 질병, 천식, 당뇨, 생리 전 증후군, 만성 통증과 불면증, 긴장, 공포증, 섭식장애 등 심리적 문제들에도 도움이 된다고 합니다. 그밖에, 우울증, 수면장애, 불안장애, 정신분열증, ADHD(주의력결핍 과잉행동장애) 등에도 많은 효과를 보이고 있습니다.

영국, 미국 등 서양에서는 명상이 이미 자기계발의 수단으로 자리 잡았고, 마음챙김명상이 심리치료로 사용되고 있습니다. 예를 들어, 구글에서 창안한 명상법이나 존 카밧진이 창시한 MBSR(마음챙김명상. Mindfulness Based Stress Reduction -심신치료 프로그램으로, '마음챙김-통찰에 기반한 스트레스 감소'의 뜻)이 그것인데, 특히 후자는 마음치료를 위해 만든 것으로 이미 의학과 접목되어 각종 정신질환 치료에 활용되고 있습니다. 우리나라 의학계는 명상을 치료에 접목하려는 시도 (명상치료, MBCT)가 유럽이나 미국보다 약하긴 하나 이제 서서히 기지개를 켜고 있습니다. 학계에서도 심리치료와 병행하여 명상치료에 관한 연구를 진행하고 있습니다. 서구적 합리주의만을 학문방법으로 고수했던 때와 비교하면 격세지감을 느낍니다.

이상에서 언급한 것 외에도 명상에는 많은 효과가 있다고 알려져 있습니다.

°°°현재

우리는 늘 무언가를 생각합니다. 그 '무언가'는 대체로 과거나 미래에 대한 생각입니다. 눈앞의 '현재(지금)'에 주의를 돌리는 것은 하루 중 몇 시간에 지나지 않는다는 연구결과도 있습니다. 그리고 보면 '지금'을 살면서도 실은 '지금'을 살고

102

있지 않은 것입니다. '지금'을 살고 있지 않다면 실상 살아있는 것이 아니지 않을까요?

우리들의 하루를 곰곰이 들여다보면 이를 잘 알 수 있습니다. 주로 과거에 대한 후회와 울분, 미래에 대한 걱정, 불안 등이 머리를 꽉 채우고 있습니다. 어떤 일을 하면서도 끊임없이 지난 일을 생각하거나, 다음 일을 생각합니다.

모처럼 공기 좋은 공원에 가서 쉴 때도, 생각은 분주히 과거와 미래를 들락거립니다. "다음 주 모임이 연기되면 좋겠는데!" "어제 삼겹살이 아니라 회를 먹었으면 더 좋았을텐데." "혹시 내가 큰 병에 걸리면 우리 애들은 어떡하지!" 등등 수많은 사념으로 머리는 쉴 새 없이 돌아갑니다. 게 중에는 필요한 생각들도 있겠지만 대부분이 불필요하고 무의미한 생각들입니다. 그런 생각들로 우리는 '현재'를 덧없이 흘려보냅니다.

문제는, 과거나 미래의 생각은 주로 후회나 걱정, 불안이 주를 이루고 있다는 것입니다. 그런데 그런 부정적 감정은 한번 시작하면 자꾸 부풀어 눈덩이처럼 커집니다. 결국 긴 '불안의 스토리'를 만들어내지요. 통상 우리의 삶은 초조, 불안, 걱정 등이 배경처럼 깔려있는 상태로, 그것이 생활의 일부가 되어 있습니다. 그래서 늘 무언가 정체불명의 불안에 휩싸여 있습니다. 이것은 대체로 과거나 미래에 집착하여 거기서 살고 있기 때문입니다. 더구나 이러한 생각이나 감정은 강화되어, (머릿속에) 떠오르는 빈도수가 점차 많아지고 강력한 습관을 형성합니다.

그런데 "과거는 아무리 후회해도 어쩔 수 없고, 미래는 아무리 상상해도 허구"라는 말이 있습니다. 또는 "우리가 걱정하는 일의 99%는 절대 일어나지 않는다"는 말도 있지요. 잘 아시는 말 중에 '기우杞憂'라는 말이 있습니다. 기나라의 어떤 사람이 허구 헌 날 하늘이 무너지고 땅이 꺼질까 걱정하다 결국 식음을 전폐하고 몸져 누었다는 고사에서 유래하는 말로, '쓸데없는 걱정이나 지나친 걱정'을 일컫는 말입니다. 우리가 통상 생각하는 과거나 미래의 일들은 그야말로 기우입니다. 기우는 우리의 정신을 피곤하게 하고 삶을 갉아먹습니다. 늘 우울하고 근심걱정으로 머리가 가득 차 있으니 우리의 신체도 그 영향으로 각종 질병에 시달리게 됩니다.

물론 과거를 반성하고 미래를 기획하는 일을 하지 말라는 것은 아닙니다. 그것은 매우 중요하고 필요한 일입니다. 미래를 기획하고 그것에 맞추어 '현재'에서 하나하나 실행해가는 것과, 불안한 미래를 상정하고 거기에 빠져 시도 때도 없이 걱정하는 것과는 전혀 다릅니다. 과거를 성찰하고 자신을 반성하여 '현재'에서 고치려는 것과, 과거의 일을 후회하며 분노로 지새우는 것 또한 별개의 일입니다.

어떤 목표를 세우고 그것을 향해 노력하고 있다면, 그때는 과거나 미래보다 '현재'에 의식이 집중되어 있습니다. 그러나 목표에 집착한 나머지 미래의 행복과 성취감을 지나치게 의식하면서, 현재를 조바심과 초조 속에서 보낸다면 '현재'는 사라져버립니다. "예전에 내가 그에게 이러저러하게 행동했더니 그의 기분이 안 좋아 보이더라. 이제 그런 행동은 조심해야지!"라고 마음먹고 '현재'에서 실행한다면, 그것은 건강한 '현재'를 살고 있는 것입니다. 그러나 "왜 내가 그때 그렇게 말했을까? 참, 한심하다. 그가 나를 비난하거나 다른 사람들한테 내 흉을 보고 다니면 어떡하지?"하고 불안 속에서 지낸다면, 그것은 과거에 매몰되어 '현재'를 잃어버린 겁니다. '지금' 행동을 취하지도 않으면서 자기 생각이 만든 허구의 늪에 빠져, 과거에 놓쳤거나 미래에 얻고 싶은 수많은 일들을 마음속에 지고 다니는 것은 불행의 근원입니다.

더욱 이상한 것은, 우리들은 꿈이 실현되는 날을 손꼽아 기다리지만 막상 그 순간이 오면 그것을 외면합니다. 그토록 기다리던 상태를 누리려하지 않습니다. 그리고는 다시 미래를 꿈꾸며 말합니다. "원하는 것을 손에 넣으면 그때는 정말 만족할 거야. 더 이상 별 욕심도 없어!" 이처럼 행복을 자꾸 미래의 어딘가에 설정하는 것을 '행복 지연 증후군(deferred happiness syndrome)'이라고 합니다. 지금 느낄 수 있는, 아니 느껴야 하는 삶의 기쁨들을 나중으로 연기하는 것 말입니다. 이렇게 되면 '지금'은 '미래'를 위한 투자로서만 가치를 갖게 됩니다. '오늘'은 내일의 행복을 위한 징검다리에 불과할 뿐이죠. 그러면 '현재'는 언제나 불만족으로 남아 있게 되고, 결국 행복은 영원히 찾아오지 않습니다. 행복은 늘 '현재'에 있고, '현재'에서 찾아져야 합니다.

불안은 대부분 지나간 과거에 연연하기 때문이고, 두려움은 오지 않은 미래에 집착하기 때문에 생겨납니다. '현재'만을 살아간다면 그런 감정이 들어설 여지는 없습니다. 더욱이 과거나 미래에 대한 걱정과 두려움은 현재의 나를 구원해줄 수도 없습니다. 그것은 반드시 '현재'를 통해서만 해결할 수 있는 것입니다. 코리텐 붐은 말합니다. "두려움은 어제의 슬픔을 앗아가지 않습니다. 또 내일 닥쳐올 문제를 해결해주지도 않습니다. 두려움이 하는 일이라고는 고작 오늘의 힘을 모두 앗아가 버리는 것뿐입니다."

그런데 '현재'에는 -물론 위에서 말한 것과 무관하지는 않습니다만- 이보다 좀 더 깊고 본원적인 문제가 있습니다. '현재' 자체에 대한 것이라고 할까요. 이 부분이 특히 '명상'과 깊이 관련되는 곳입니다.

누군가 기분 나쁜 말을 하면 우리는 마음이 상하고 화가 납니다. 겉으로는 태연한척 해도 속으로 부글부글 끓고 있는 경우가 허다하죠. 그런데, 엄밀히 말하자면, 그가 한 '기분 나쁜 말'은 발화되는 그 순간 이미 지나가고 '현재'에는 존재하지 않습니다. 그의 말이 마음에 들지 않는다고 화를 내는 것은, 실은 이미 지나가버리고 없는 것을 의식이 붙들어두고 거기에 집착하기 때문입니다. 맘에 안 드는 일로 감정이 상해도 그 순간(찰나)뿐입니다. '현재' 그 일은 이미 지나갔고, 더구나 앞에서 말했듯 그 일을 담아두고 괴로워할 '나'도 없습니다. 우리는 오랜 세월 잘못된 인식틀을 사용하면서 있지도 않은 고통을 스스로 만들어내고 있는 것입니다.

불교에 '두 번째 화살'이라는 유명한 이야기가 있습니다. 예를 들어 누가 나에게 모욕을 줬다면 그것은 첫 번째 화살을 날린 겁니다. 그러나 그 화살은 이미 모욕을 준 순간 날아갔고 '지금(현재)'과는 전혀 무관합니다. 그런데 이번에는 우리 자신이 우리에게 두 번째 화살을 쏩니다. 치욕을 느끼고 상대에게 복수하려는 마음으로 이글거립니다. 그러나 이것은 이미 지나가고 없는 것을, 과거에 대한 기억에 빠져 스스로 만들어낸 마음입니다. 지나간 것을 붙들고, 거기에 자신의 (왜곡된) 판단을 더하여 비난하고 화를 내고 있는 것에 불과한 것이죠. 우리가 통상 생각하듯 거기에 인과관계는 없습니다. 우리가 순수하게 '지금'만을 살아간다면 이런 일은 일어나지 않습니다. '지금 현재'에는 고통이 끼어 들 틈이 없다고 말한 이유가 바로 이 때문입니다. 그래서 붓다는, "두 번째 화살은 맞지 말라. 살면서 누구나 첫 번째 화살을 피할 수는 없다. 그러나 스스로 만들어 쏘는 두 번째, 세 번째 화살은 피할 수 있다. 고통은 첫 번째 화살만으로 충분하다."(『아함경』)라고 역설합니다.

『붓다브레인』의 저자 릭 핸슨은 이것을 다음과 같이 말하고 있습니다. "(쉼 없이 변화하는 세계에서 고정된 패턴을 찾아 동적인 시스템을 안정화시키려고 하는 우리 뇌는, 방금 지나간 순간을 쫓아 그 순간을 이해하고 조정하려 한다.) 이는 마치 폭포 바로 위에서 살아가는 것과도 같다. 매 순간 우리를 향해 덮쳐 오는 거센 물결을 낙하지점 바로 위에서 느끼자마자 물은 아래로 쏟아져 사라진다. 그러나 뇌는 지금 막 떨어져내려 사라진 물을 움켜잡으려 하는 것이다"라고.[8]

이렇게 보면, 실재하는 것은 '현재'밖에 없습니다. 과거·미래는 의식의 잘못된 습관이며 기만입니다. 있다면 우리 의식 속에서 허구로 만들어낸 상상으로서의 과거·미래만이 존재할 뿐입니다. 그런데 바로 그 허구가 우리를 고통의 불길 속으로 끌고 갑니다.

엄밀히 말해 '지금'이란 과거-현재-미래라는 시간 계열 속에서 말하는 현재가 아닙니다. 시간 계열은 실재의 왜곡입니

8) 릭 핸슨 외, 『붓다브레인』, 불광출판사, 61쪽.

다. 우리는 흔히 과거-현재-미래라고 말하지만, 과거와 미래는 '현재'와 완전히 다른 종류의 것입니다. 그것은 실재하지 않는 것입니다. 시간이라는 개념이 없는 어린아이나 동물들에게 과연 과거-현재-미래라는 시간 구조가 있을까요? 아마 그들에게는 항상 '지금'만 있을 것입니다. 아니 그런 시간 구조라는 질문 자체를 이해하지도 못할 겁니다. '현재'를 자꾸 시간 계열 속의 현재로 보는 것은 우리의 인식 습관에 지나지 않습니다. '현재'는 흐름 속에 있지 않습니다. 다시 말해, '현재'가 과거로 밀려나고 동시에 미래가 현재로 다가오는 것이 아닙니다. 오직 '현재'만이 있을 뿐입니다. 영원한 '현재'밖에 없는 것이죠. 따라서 진정한 '현재'는 '영원의 순간'이라고밖에 말할 수 없습니다.

시간이 없는 차원으로 들어가면, 이제까지와는 다른 종류의 자각이 일어납니다. 그런 자각 속에서는 살아 숨 쉬는 만물의 영혼을 느낄 수가 있습니다. 이런 것은 에고의 헤아림으로는 알 길이 없습니다. 앞서 말했듯 에고로는 나무 자체를 알 수 없습니다. 나무에 관한 표층적 정보를 알 수 있을 뿐이죠. 그러나 에고의 세례를 받지 않은 어린아이들은 과거-현재-미래라는 허구적 시간 계열에서 벗어나, 바로 '지금' 속으로 훅 들어가 나무의 숨소리를 듣고 대화를 나눕니다. 마치 '이상한 나라의 엘리스'처럼 말이죠.

이반 투르게네프는 말합니다. "(사람들은) '내일이면 나도 행복해진다!'고 말합니다. 그러나 행복에는 내일이라는 것이 없습니다. 어제라는 것도 없습니다. 행복은 과거의 일을 기억하지도 못하거니와 미래를 생각하지도 않습니다. 행복은 현재만 있습니다. 그것도 오늘이 아니라 다만 순간일 뿐입니다." 행복해지기 위해서는 '지금 이 순간'에 존재해야 합니다. 참된 행복은 오로지 '현재'로부터 자라나기 때문이죠. 그래서 오쇼 라즈니쉬는 "삶을 직접적으로, 순간에서 순간으로 살 수 있다면, 어느 날 당신은 위안이 아닌 만족, 즐거움의 시간에 있게 될 것"이라고 강조합니다.

그런데 이 '현재'와 만나는 게 왜 그리 어려운 것일까요? 성심(成心), 이념, 강제된 가치관 -이것들은 의식이 과거나 미래를 기웃거리며 만들어낸 것들입니다- 등에 의해 자신의 호오好惡를 만들고, 그 호오에 의해 '실상'을 왜곡하기 때문입니다. '현재'와 만날 때, 기존의 권위나 이념은 먼지처럼 사라집니다. 그렇다고 무기력하거나 무행동에 빠지는 것은 아닙니다. 삶의 진정한 흐름을 거스르지 않고 따른다면, '있는 그대로'를 거부하는 습관화된 내면의 저항을 포기한다면, 오히려 모든 일이 순조롭게 이루어집니다. 경쟁, 파괴, 지배욕에서 행해지는 판단에 따라 행동하지 않으므로 불행에 빠지지도 않습니다. 참된 행복은 오로지 '현재'로부터 자라납니다. 어떠한 종교적 구원도, 철학적 이념도 '현재'의 기반 위에서

이루어지는 것입니다. '현재'를 도외시하고는 구원도 깨달음도
있을 수 없습니다.

　뒤에서 다시 말하겠지만, (위빠사나)명상은 의식을 '현재'
에 있게 하는 것입니다. 현재의 있는 그대로를 보려는 것이
명상의 핵심이라고 할 수 있죠. 명상은 언제나 '현재'에서의
순수한 감응이어야 합니다.

°°°**호흡**

　"호흡을 관하는 수식관을 닦고 행하라. 만약 수행하는 자
들이 수식관을 닦고 행하면 몸과 마음이 편하게 되고, 몸속
을 떠도는 거친 생각과 나쁜 생각들이 순일해지며, 이에 진
실하고 확고부동한 생각을 얻어 스스로 만족하게 될 것이
다." 붓다가 사밧티의 기원정사에서 불도를 수행하고 있을
때 제자들에게 한 말입니다. '수식관'이란, 숨을 세면서 마음
을 고요히 모으는 수행법을 말합니다. 이를 볼 때 호흡명상
은 붓다가 정각(正覺) 이전부터 수행해 온 명상법임을 알 수
있습니다. 오랜 전통을 갖고 있는 정통 명상법인 것이죠. 그
래서인지 명상에서 의식 집중의 대상으로 주로 '호흡'이 선택
됩니다.

　물론 명상은 조심(調心-마음을 조절하는 것)이 목적이지

만 조심을 위해서는 조신(調身-몸을 조절)과 조식(調息-숨을 조절)이 중요한 것으로 간주되어, 동양에서는 일찍부터 이 셋을 혼연일체로 생각하여 왔습니다. 예를 들면,『초학지요』에서는 "양기의 도는 먼저 숨을 조절하는데 있다. 숨이 조절되면 양기를 얻어 마음 또한 평안해진다. 이와 반대로 기식(숨)이 조급하면 마음 또한 조급해진다. 따라서 마음을 평안히 하고 기를 조화롭게 하는 데에는 기식을 조절함이 요체이다."라고 말하고 있습니다.

그런데 왜 집중대상으로 호흡이 선택되는 것일까요? 거기에는 몇 가지 이유가 있습니다.

호흡은 우리의 정서나 감정과 밀접한 관계가 있습니다. 예를 들어 화가 났을 때나 긴장했을 때 호흡이 바투고 일정하지 않음을 느낄 것입니다. 이에 반해 안정적일 때는 호흡 자체를 의식하지 않지요. 이것은 신체나 감정의 상태가 호흡에 영향을 끼친다는 방증인데, 그 역의 상황에도 해당합니다. 즉 의식적으로 호흡을 안정되게 행하면 우리의 감정이나 신체의 안정에도 도움이 된다는 것이죠. 긴장할 때 깊은 심호흡을 하면 도움이 된다는 말을 많이 들으셨을 겁니다. 바로 이런 이유 때문입니다. 따라서 호흡명상은 마음의 산란함을 극복하는 중요한 수행법이 되는 것입니다. 호흡명상이 오래 지속되면 몸과 마음의 흔들림이나 동요가 없게 됩니다.『초

학지요』에서 "숨이 조절되면 양기를 얻어 마음 또한 평안해
진다."는 것은 바로 이것을 말한 것이죠. 마음이 평온해지면
내면에 잠들어 있던 심층의식을 깨워 활성화시킵니다. 깊은
호흡은 잠들어 있는 내면세계의 평온감과 집중력을 비상하
게 발달시키기 때문입니다.

우리는 매일 숨을 쉬지만 깊은 복식 호흡이 아니라 가슴으
로 하는 얕은 호흡을 하고 있습니다. 그러나 명상을 하면 달
라집니다. 조용히 마음을 안정시켜 숨 하나하나에 집중해가
면, 부지불식중에 깊은 호흡이 가능해지고 숨과 하나가 됩니
다. 숨과 하나가 된다는 것은 의식이 늘 '현재'에 머물러 있다
는 뜻입니다. 호흡은 항시 '현재'에 존재하기 때문이죠. 이것
역시 명상시에 호흡에 집중하는 중요한 이유 중 하나입니다.
호흡은 우리의 의식을 현재에 묶어두기에 매우 좋은 대상입
니다. 끊임없이 변화하는 숨에 깊이 집중할 때 우리는 곧바
로 '현재'로 들어갈 수 있게 됩니다. 호흡을 알아차리는 건
지금 이 순간의 자각입니다. 그것을 제대로 해낼 때, 우리는
지금 벌어지고 있는 실재 그대로의 모습 -개념으로 덧칠되
기 이전의 날 것 그대로- 만을 자각하게 되고, 심층의식이
활성화되어 표층에서 작동하기 시작합니다.

그런데 우리가 집중하려고 할 때, 그 집중의 대상에 아무
런 변화가 없으면 집중력이 쉽게 흐트러져 오래가지 못합니
다. 변화가 없는 어떤 물건에 의식을 집중해보면 이를 잘 알

수 있습니다. 대상이 변화하긴 해도 움직인다면 상황은 별반 다르지 않습니다. 주의가 산만해지기 십상이죠. 그런데 호흡은 끊임없이 변화하기는 하지만 이리저리 옮겨 다니지 않고 그 자리에 머물러 있습니다. 이렇게 되면 집중하기가 용이해집니다. 더구나 그것은 언제 어디서든 우리와 함께 하므로 원하기만 하면 바로 집중 명상을 실천할 수 있습니다. 따라서 명상에서 집중의 대상으로 호흡이 널리 사용되고 있는 것입니다.

또한 호흡은 의식적으로 생각하거나 노력하지 않고서도 바로 체험할 수 있기 때문에, 주의력을 온전히 '알아차림'에 둘 수 있게 합니다. 집중은 본래 많은 에너지를 필요로 하는 작업이지만, 호흡을 대상으로 하게 되면 상대적으로 적은 에너지를 사용하고 나머지 힘을 '알아차림'으로 돌릴 수 있는 것이죠.

호흡명상을 실천해보면, 단지 호흡에 집중하는 것만으로도 확연한 결과를 초래한다는 사실에 놀라실 겁니다. 부정적 감정이나 생각이 우리를 흔들 때마다 단지 가만히 호흡에 주목하기만 하면, 부정적 감정이나 생각이 제 풀에 스러지는 현상을 경험하실 수 있습니다.

인간 생명 유지에 가장 중요한 활동을 하는 것이 심장과

폐입니다. 그래서 '심폐기능'이라 하여 매우 중시하고, 장기 자체도 갈비뼈 안쪽에 위치하여 잘 보호받고 있습니다. 주지하듯 호흡은 바로 폐와 관계된 것입니다. 그런데 호흡이 참 신비하다는 생각이 드는 게, 인간의 수명에 호흡의 횟수가 매우 중요한 역할을 한다는 점입니다. 연구자들에 의하면 일반 성인들은 분당 15회 정도 숨을 쉬는데, 장수한 사람들을 보면 10-12회 정도라고 합니다. 호흡 횟수를 줄이면 몸의 신진대사가 늦춰지고, 따라서 에너지가 덜 소비되고 노화 과정도 느려져 생명이 연장되는 것이죠. 만일 호흡의 횟수를 1분에 5회 정도로 늦추면 175세까지 살 수 있다고 하는 연구보고서도 있습니다. 호흡수를 낮추기 위해서는 마음을 다스려야 합니다. 마음이 평화로우면 숨소리도 잔잔하고 마음이 격분하면 숨도 거칠어지죠. 그런데 명상은 자연스럽게 깊고 느린 호흡을 습관화시킵니다. 명상을 통해 마음이 고요하고 안정되면 자연히 호흡이 느려집니다. 앞서 '명상의 효과' 부분에서 언급한 신체적 효과들 역시 바로 이 때문이 아닌가 생각됩니다.

호흡명상은 이처럼 행하기가 용이하면서도 효과가 뛰어나며, 더구나 종교적 성향에 관계없이 할 수 있는 명상법이기 때문에 널리 사용되고 있는 것입니다. 단, 호흡에 집중한다고 해서 거기에 너무 신경 쓰면 호흡이 자연스럽지 못하게 됩니다. 호흡은 되도록 평상시의 자기 호흡대로 편안하고 자연스럽게 행해야 합니다. 그렇지 못하면 상기병(기가 머리쪽으로 올라와 머리가 무겁거나 두통 등이 발생하는 증상) 등 부작용이 발생할 수 있으니 주의해야 합니다.

2. 사마타와 위빠사나

주요한 모든 종교 전통들이 넓은 의미에서 명상이라 불리는 나름의 수행법을 갖고 있습니다. 그 중 이 책에서 다루는 것은, 동·서남아시아 불교전통에서 널리 행해지고 있는 위빠사나 명상입니다.

불교에도 다양한 종류의 명상법이 있습니다만 크게 '사마타'와 '위빠사나'로 나눌 수 있습니다. '집중(멈춤)' 혹은 '평정'으로 번역될 수 있는 사마타(Samatha)는 마음을 오직 한 대상에만 집중함으로써 사념을 멈추고 고요를 얻으려는 것입니다. 반면 '통찰'이라 번역될 수 있는 위빠사나(Vipassana)는 일어나는 일을 '있는 그대로' 명료하게 자각하여 '지혜'를 얻는 것을 목적으로 합니다.

위빠사나는 그 효과가 지대하여 붓다가 제자들에게 손수 권했던 수행법이라는 점에서, 북방불교나 남방불교를 막론하고 중시합니다. 물론 남방불교에서 더욱 중시하고 크게 성행하고 있기는 하지만요. 이에 반해 북방불교는 상대적으로 사마타 수행법을 중시합니다.

남방불교는 스리랑카, 태국, 미얀마, 라오스, 캄보디아 등에서 발전한 불교를 말합니다. 이에 반해 북방불교는 한국, 중국, 일본, 네팔, 티베트, 베트남 등에서 성행하고 있는 불교를 말하지요. 예전에는 북방불교가 더욱 성행하였으나, 남방불교가 붓다의 가르침에 더욱 충실하다는 점에서 요즘은 남방불교의 확장이 눈에 띕니다. 사실 중국에서 발전하여 주변국으로 전파된 북방불교는 중국문화와의 습합이 두드러졌습니다. 당시 중국에서도 이미 상당한 정도로 발전된 유교와 도가 등의 사상이 성행하고 있었으므로, 이런 전통사상들과 융합을 꾀한다는 것은 너무나 당연한 일이지요. 물론 동남아시아에도 자체의 문화가 있었으나 불교보다 우수하지 않았고, 이 지역의 성직자들은 붓다의 가르침을 그대로 전수하고자 노력하였습니다. 그 한 예로 경전을 자국어로 번역하지 않고 지금도 '팔리어' 경전을 그대로 사용하고 있습니다. 남방불교를 '상좌부 중심', 북방불교를 '대중부 중심'의 불교(또는 '소승불교', '대승불교')라고도 칭합니다.

여기서 잠깐 한 가지 짚고 넘어갈 것이 있습니다. 왜 같은 불교이면서 남방불교는 위빠사나를 중시하고, 북방불교는 상대적으로 사마타를 중시하는 차이가 발생했을까요? 그 이유를 간단히 설명하겠습니다.

인도 불교에 여래장 사상이 있습니다. 주로 『능가경』에 보이는데, 여래장이란 '모든 중생에게는 번뇌 속에서도 더렵혀지지 않는 청정한 깨달음의 가능성이 있음'을 말하는 것으로, 중생에게 부처가 될 가능성을 보장해주고 있는 것이 여래장 사상의 특징입니다. 그런데 인도불교에서는 별로 주목받지 못했습니다. 왜냐하면 붓다는 본래 자성(본성)의 공함을 주장했지만, 여래장 사상은 인간에게 청정한 자성의 가능성을 말하고 있기 때문이지요. 그러나 이것이 중국에 전해지자 주목을 받게 됩니다. 중국에는 이미 인간의 본성, 즉 선천적으로 내재되어 타고나는 어떤 성품이 있다는 것에 대한 오랜 논쟁이 있었으며, 불교가 전해지던 시기에 아직 위세는 미약했지만 본성의 도덕적 선함을 주장하는 학설도 있었기 때문입니다. 그들은 인간의 본성이 없다는 것보다는 있다는 것에 더 매력을 느꼈습니다. 그래서 여래장사상이 전해지자 그것을 자기네 고유의 '본성'론과 결합시켜, 인간 내면에 본래적으로 '불성-부처가 될 수 있는 본 성품'이 있음을 주장하게 됩니다. 중국 불교의 가장 큰 특징이라고 할 수 있죠. 당연히 그들에게는 '연기'를 깨닫는 것보다 내면의 '불성'을 자각하는 것이 훨씬 더 중요하고 직접적인 공부로 부상합니다. 물론 이에 따른 수행법도 변화를 보입니다. '연기'를 깨닫기 위한 '지혜'보다 직접 내면 깊숙한 곳에 묻혀 있는 본성을 자각하는 수행법이 중시됐고, 자연히 위빠사나보다 사마타에 관심을 갖게 됩니다. 그래서 중국의 영향을 강하게 받은 북방불교는 사마타 수행법을 상대적으로 중시하게 되었던 것입니다.

그럼 사마타와 위빠사나에 대하여 좀 더 자세히 알아보기로 하겠습니다.

사마타는 일체의 생각을 멈추고 한 곳에 의식을 집중하여 삼매三昧에 드는 것을 목적으로 하는 명상법입니다. 탐욕은 물론 모든 생각과 감정을 끊고 무념무상에 이름으로써, 마음의 진면목(본래 모습)을 직접 자각하고자 하는 것이죠. 이때 집중의 대상으로 널리 사용되는 것이 호흡입니다. 오직 호흡에만 주의를 집중하는 것이죠. 다시 말해, 숨을 들이쉴 때는 숨이 들어오고 있음에만 집중하고 숨을 내뱉을 때는 오직 숨이 나가고 있는 것에만 집중합니다. 이렇게 함으로써 마음의 고요가 깊어지고, 결국 겹겹의 의식을 뚫고 본래적 마음인 '진여'에 닿을 수 있다고 합니다. '심층의식'이 활성화되는 것이지요. 중국에서는 분별적 사고인 (표층)의식을 멈춘다는 것에 주목하여 이 명상법을 '지(止)'로 해석하였습니다.

동서를 막론하고 거의 대다수 명상법들은 사마타적 요소를 강조합니다. 집중을 통해 산란한 마음을 가라앉힘으로써, 마음의 고요함을 얻고 마음 자체를 함양하기에 좋은 명상법이기 때문이죠. 집중명상은 비교적 빠른 시간에 마음의 고요와 평안을 얻을 수 있는 장점이 있기 때문에, 누구나 집중만 제대로 하면 일상에서 일어나는 부정적 감정을 상당히 약화시키고 지극한 평정을 얻을 수 있습니다.

이에 반해 약 2,500여 년 전에 붓다가 창안한 위빠사나(vipasyana)라 불리는 명상 기법은, 호흡에 집중하여 그것을 관찰하면서도 순간순간 떠오르는 생각과 감정을 무리하게 끊어버리려 하지 않고 초연하게 바라봄으로써, 그것들의 본질을 있는 그대로 인식하고자 합니다. 다시 말해 탐욕과 어리석음에서 비롯된 편견이나 왜곡 없이 대상을 보려는 것이죠. 이것을 '알아차림(통찰)'이라고 하는데, 이를 위해 대상에 대한 판단을 금지하고 '현재 있는 그대로' 바라보는 법을 훈련합니다. 존재하는 그대로를 보고 그것의 실상인 '연기' 성을 자각해야만, 집착을 끊고 우리의 잘못된 인식 습관을 고칠 수 있기 때문입니다.

우리는 통상 탐욕과 증오와 어리석음에서 비롯된 편견이나 왜곡으로 사물을 판단하고는, 자기에게 싫은 것들은 밀어내려 하고 좋은 것들에는 집착합니다. 이것은 '아집' 때문인데, 그 '아집'의 실상을 알고 마음의 습관을 고치기 위해서는 사마타의 '집중'만으로는 부족하고, '알아차림'이라는 과정이 필요합니다. 이 과정을 체계적으로 수립해놓은 것이 바로 위빠사나 명상입니다. 사마타는 마음을 고요와 평화로 이끄는 훌륭한 방법이지만 탐욕을 발본색원할 수는 없습니다. 그것은 세계의 실상을 볼 수 있는 '지혜'가 있어야만 가능하지요. 모든 탐욕은 '자아' 관념에 뿌리박고 있는데, 이 '자아'의 허구성을 깨달아 자아 자체를 없애는 것, 즉 '무아'를 자각하여야 비로소 탐욕의 불이 꺼집니다. 여기에 이르게 해주는 것이 바로 위빠사나 명상입니다. 이 과정에서 잘못된 인식 습관을 바꿔 부정적 생각(감정)이나 마음의 질환을 고칠 수도 있습니다. 서구의 마음치료 방법인 심리치료가 사마타가 아니라 위빠사나를 받아들인 것도 이런 이유 때문입니다.

생각이나 감정을 '알아차리는 것'은 '현재'를 사는 것입니다. 과거의 일을 떠올리며 그것에 대해 분노하는 마음은 과거에 붙들린 마음이지만, 과거에 대해 분노하는 마음이 떠오르고 있음을 '알아차리는 마음'은 현재하는 마음입니다. '알아차림'은 마음을 가공된 개념 및 시간의 개입을 허용하지 않는 '지금 현재'에 머물게 함으로써 진정한 자유와 구원에로 인도합니다.

위빠사나 수행자들은 '지금 현재'를 무심히 흘려버리지 않습니다. 섬세하게 깨어있는 의식으로 그들의 존재 자체가 '지금'이 되어 그 찰나의 시간을 생생하게 살아냅니다. '알아차림'으로 그것이 가능해집니다.

중국에서는 이것이 생각을 바라보는 것이라는 점에 주목하여 '관(觀)'이라 해석합니다. 불교에서 수행법으로 흔히 말하는 '지관'이라는 말은 사마타의 '집중'과 위빠사나의 '알아차림'을 가리키는 것이죠.('지관' 대신에 '정혜(定慧)'라고도 합니다)

물론 위빠사나에서도 '집중(멈춤)'을 명상의 중요한 방법으로 간주합니다. 다만 그것의 목적은 '집중' 자체에 있는 것이 아니라, 집중을 통하여 고요를 이루고 그 바탕위에서 떠오르는 생각들을 '알아차림(자각, 통찰)'하는데 있습니다.

그렇다면, "알아차림만 하면 되지, 왜 집중과 알아차림을 모두 해야 하는가" 라는 의문을 가지실 분도 계실 겁니다.

'알아차림'은 떠오르는 감정이나 생각을 아무런 판단 없이 바라보고 느낌으로써, 대상이 어떻게 생겨나고 진행되며 소멸되는지 그 실상을 있는 그대로 보고자 합니다. 그런데 이런 통찰이 가능하기 위해서는 산란한 마음으로는 불가능하기 때문에 호흡에 집중하여 마음을 모아야 합니다. 집중을 통해 날카롭게 벼린 마음으로 순간순간 생멸을 지속하는 생각과 감정의 참 모습을 보려는 것이죠. 평상시의 '반연'(조금도 가만히 있지 못하고 분주히 돌아다니는 우리의 마음을, 잠시도 쉬지 않고 이 나무 저 나무로 끊임없이 돌아다니는 원숭이에 빗대서 하는 말)하는 우리 마음으로는 '알아차림'이 불가능합니다. 여러분도 한 번 시험해보시면 잘 아실 겁니다. 사실 집중이 없으면 '알아차림'도 어렵지만, 알아차림

한 후 마음이 기댈 곳도 없습니다. 그래서 알아차림하고 그것이 끝나면 다시 호흡에 집중하여 통찰할 수 있는 힘을 예리하게 닦는 것입니다. 집중된 힘이 없으면 찰나 생멸하는, 더욱이 잠재의식에서 돌출적으로 떠오르는 생각들을 단숨에 알아차린다는 게 불가능하기 때문입니다.

종합하면, 사마타는 집중을 통해 반연하는 마음을 고요히 가라앉히고, 나아가 깊은 삼매를 얻어 번뇌를 끊어버리는 것을 목표로 합니다. 이에 반해 위빠사나는 대상의 관찰을 통해 그것의 본질(제행무상, 제법무아, 일체개고)을 자각함으로써 참된 지혜를 얻는 것에 목적이 있습니다.

3. 위빠사나 명상의 원리

불교는 인도 전통의 '윤회' 사상을 기저에 깔고 있습니다. 윤회란 이 세상에 살면서 지은 업에 따라 다음 세상에서 어떤 생명체로 태어나는가가 결정된다는 이론입니다. 이때 태어나는 세계에 여섯 세계(천상계, 인간계, 아수라계, 축생계, 아귀계, 지옥계)가 있기 때문에 흔히 '육도윤회'라고 말하지요. 불교적 깨달음은 이 업을 제거하여 윤회를 멈추게 하는 것입니다. 업은 탐욕에서 생겨나므로(정확히는 탐진치), 결국 탐욕을 어떻게 제거해야 하는가가 깨달음의 핵심입니다. 탐욕을 제거하려면 아직까지 살아온 방식과는 전혀 다른 삶을 살아야 합니다. 삶의 방식을 바꿔야 하는 것이죠.

우리 행위의 대부분은 수많은 과거의 삶을 통해서 익혀온 것들을 습관적으로 반복하고 있습니다. 마치 어렸을 때부터 의자에 앉으면 다리를 떨던 것이 습관이 되어, 어른이 되어서도 의자에 앉기만 하면 다리를 떠는 것과 같은 것이죠. 이 것을 불교에서는 '훈습(薰習)'이라고 합니다. 향기가 몸에 배 듯 우리 몸에 깃든 습관을 말하는 것이죠. 이처럼 우리의 행위는 이미 자동화된 습관의 결과입니다. 업장을 녹인다는 것은 바로 이 습관을 바꾼다는 것과 같은 말입니다. 이를 위해 불교는 명상이라는 실천 방법을 고안했습니다.

명상은 이 세상의 참 모습인 '연기'와 '무아'를 깨달음으로써, 탐욕에서 비롯되는 악업을 끊고 열반에 이르기 위한 실천 수행입니다. 그 목표는 '붓다'가 되려는 것이지만, 그 과정에서 괴로움을 일으키는 잘못된 우리 인식의 습관이 바뀌어 갖가지 부정적 감정이나 마음의 질환으로부터 벗어나게 됩니다. 사실 '붓다'라는 것이 괴로움을 일으키는 마음 상태에서 벗어난 걸림 없는 대자유인을 뜻하는 것이므로 이것은 당연한 말이겠죠.

그럼 어떻게 수억 겁 년을 지녀온 인식의 습관을 바꿀 수 있을까요?

앞서 말했듯 세상은 인과 연의 끊임없는 찰나적 변화로 존재합니다. 그런데 이를 깨닫기 위해 외부 사물을 아무리 관찰해도 그것을 인식하기는 불가능합니다. 우리 시각이 찰나적 변화에 대응하지 못하기 때문이죠. 그래서 붓다는 마음의 내부로 눈을 돌렸습니다. 물론 그렇다고 상황이 크게 나아지는 것은 아니지만 그래도 지속적으로 노력하면 불가능하지는 않습니다. 붓다 스스로가 그것을 입증했지요.

여기서 잠깐 뇌과학을 빌어 '습관'이 무엇인지 알아보기로 하겠습니다.

우리가 A라는 자극에 B라는 반응을 자주 반복하면 거기에 해당하는 뇌의 부위에 시냅스가 활성화됩니다. 신경세포 간에 정보전달이 활발해지는 것이죠. 이렇게 되면 정보를 주고받는 길 즉 뇌 회로가 형성됩니다. 반복하면 할수록 시냅스가 강화되어 회로가 점점 굵어집니다. 그리고 A라는 자극에 자동적이고 반사적으로 B라는 반응을 하게 됩니다. 뇌가 나름대로 효율성을 생각한 것이죠. 만일 우리가 매 현상마다 신중히 생각하고 행동하게 되면 위급한 상황에서 빠르게 대처할 수 없는 경우가 생깁니다. 그래서 뇌는 반복적으로 하는 행위나 반응에 대해서는 중요하다고 생각하여 목록을 만들어놓고, 그 목록에 있는 것들의 경우에는 반사적으로 반응하게 시스템을 구축한 것입니다. 신경생리학자 찰스 스코트 셰링턴은 "사고작용이라는 건물은 조건반사라는 벽돌로 지어졌다."라고 말합니다. 이것이 바로 '습관'의 정체입니다.

한 번 습관이 들면 뇌 회로는 점점 굵어지고 그에 따라 습관은 점점 굳어집니다. 여러분도 수없이 경험하셨을 테지만 이렇게 굳어진 습관을 바꾸기란 좀처럼 쉽지 않습니다. 그래도 방법은 있습니다. 기존의 뇌 회로를 약화시키고 새로운 회로를 만들어내는 것입니다. 어떤 자극에 다른 반응을 하면 뇌의 전기활동과 화학적 구성이 바뀌고 새로운 뉴런을 만드는 능력이 생겨납니다. 이것이 지속되면 뇌 회로의 변화가 일어나고 습관이 바뀌는 것이죠.

그럼 어떻게 생각-반응의 습관을 변화시킬 수 있을까요. 기존 회로를 약화시키고 대신 새 회로를 강화시켜야 한다고는 했지만 그게 그렇게 간단한 문제가 아닙니다.

일단 어떤 생각에 자동적이고 반사적으로 반응하지 않아야겠죠. 우리가 어떤 생각에 바로 반응하지 않는 일이 반복되면 그 기존의 회로가 서서히 약화되어 갑니다. 물론 이미 습관화된 것이라 자동적으로 일어나는 반응을 고치기는 매우 어려울 것입니다.

생각에 (자동적으로) 반응하기 시작하면 '멈춰'라는 신호를 보내고 그것을 끊어버리는 것은 반사적으로 반응하지 않

126

기 위한 좋은 방법입니다. 왜 도리질을 하면서 반응을 멈추려는 사람들도 있지 않습니까? 이것도 꾸준히 지속적으로 행하면 분명 효과는 있습니다. 그러나 그다지 효율적이지는 않습니다.

그것만으로는 어떤 생각이 떠오를 때 그 생각이 떠오르고 있음을 바로 자각할 수 없기 때문입니다. 바로 자각하지 못하면 거기에 휘말려 생각에 생각이 꼬리를 물고 이어지며, 우리의 습관은 점점 더 강화됩니다. 생각이 시작될 때 바로 그것을 자각하고 끊어버려야, 습관을 바꾸는 힘 즉 기존의 뇌 회로를 약화시키고 새로운 회로를 정착시키는 힘이 강해집니다. 더욱 중요한 것은, 이 방법으로는 우리의 생각이 오온(색, 수, 상, 행, 식)의 연기임을 결코 알 수 없다는 점입니다. 즉 만물이 '연기'의 순간적 흐름임을 알 수 없는 것이죠. 그렇다면 결코 깨달음에는 이를 수 없습니다.

위빠사나 명상은 2500여 년 전의 방법이라고는 믿기 힘들 정도로 매우 합리적인 방법으로 습관을 변화시키는 법을 창안했습니다. (말로는) 매우 간단합니다. 떠오르는 생각을 아무런 판단 없이 그저 '있는 그대로 바라보는 것'입니다. 이것을 '알아차림'이라고 합니다. 통상 '알아차림'하면 떠올랐던 생각이나 감정은 바로 사라져버립니다. 그러면 다시 호흡에 집중하여 호흡의 변화를 알아차림 합니다. 그러다 다시 어떤 생각이 떠오르면 다시 그 생각을 아무런 판단 없이 그저 알아차립니다. 이렇게 반복하면 어떤 현상에 반사적으로 감정적 대응을 하는 회로가 약화되고, 한 현상을 아무런 판단 없이 바라보는 새로운 뇌 회로가 형성됩니다.

예를 들어 보죠. 어떤 행동 A를 잘못된 것이라고 판단하고 그 판단에 강하게 집착하면 '화'가 치밀어 오릅니다. '화'가 나면 혈압이 오르고 심장박동이 빨라지며 그것을 합리화시키려고 하는 연쇄 반응이 일어납니다. 그럼 '화'는 증폭되어 점점 험악해질 뿐 아니라, 뇌(의식) 속에 강한 습관의 회로를 형성하게 됩니다. 그리고 같은 반응을 지속적으로 행하면 회로가 점점 강화되어 습관이 됩니다. 이제 어떤 행동 A에 대하여 자동적으로 '화'가 나는 반응을 보이게 되겠죠. 반면, '화'라는 감정에 휘말리지 않고, 아무런 판단 없이 "화나는 마음'을 그냥 바라보기만 하면 '화'는 제풀에 사라집니다. 마치 속임수가 들통 나 도망치는 사기꾼처럼 말이죠. 그런데 이렇게 자꾸 사라지게 하면 비슷한 상황에서 더 이상 '화'가 일어나지 않게 됩니다. 그에 해당하는 뇌의 회로가 약화되고 새로운 회로, 즉 같은 현상을 아무런 감정 없이 바라볼 수 있는 회로가 생기기 시작한 것입니다. 그리고 그 현상을 늘 아무 감정이나 판단 없이 바라볼 수 있는 상태가 되면, 이제 뇌는 그 상태를 안정적인 상태라고 여기게 되고 그에 해당하는 뇌 회로가 동아줄처럼 굵어지면서 그것이 습관이 됩니다.

구습을 버리고 새로운 습관이 장착된 것입니다. 그렇지만 이 것뿐이라면 앞서 말했던 '멈춤'와 그다지 차이가 없지 않느냐고 말할지 모릅니다. 그러나 '알아차림'에는 '멈춤'와 다른 놀라운 차이점이 있습니다.

'알아차림'을 계속 행하면 생각을 바라보는 또 다른 의식, 즉 제3의 눈이 발달한다는 것입니다. 동시에 마음속에서 일어나는 현상에 민감해져 어떤 생각이 떠오르면 바로 알아차림이 가능해집니다. '바로 알아차린다'는 것은 무조건적이고 반사적인 반응을 멈추기 위한 강력한 브레이크입니다. 게다가 알아차림이 점점 강력해지고 제3의 눈이 발달함에 따라, 한 순간의 생각이나 감정이 어떻게 다음 생각이나 감정과 연결되면서 긴 일련의 흐름으로 이어지는지도 알 수 있게 됩니다. 한 생각이 생겨났다 사라지고 다음 생각이 생겨나는 과정을 볼 수 있게 되는 것이죠. 정말 훌륭한 방법이라고 하지 않을 수 없습니다.

게다가 명상의 효과를 높이기 위해서 좀 더 치밀한 방법도 마련했습니다. 예를 들어, 호흡에 집중하면서도 들숨의 시작과 중간과 끝 그리고 잠깐의 멈춤, 다시 날숨이 시작되어 끝부분을 향해가는 진행과정, 그리고 잠시 쉬었다가 다시 들숨의 시작…. 이 모든 과정을 마치 초고속 화면의 한 컷 한 컷처럼 잘게 잘라서 알아차리는 것입니다. 할 수 있으면 들숨을 시작하려는 의도, 끝내려는 의도, 들숨의 경우에도 시작하고 끝내는 의도 등을 알아차림 할 수 있으면 더욱 좋고요.

이처럼 한 컷 한 컷 나누어 잘게 인식하는 것은 짧은 주기로 변화하는 존재의 실상에 인식의 속도를 맞추기 위한 훈련입니다. 그래야 매 순간순간 변화하는 존재의 실상, 즉 '연기와 무아'를 알 수 있기 때문이죠. 만일 우리 시각(視覺)이 1초에 수백 번 껌뻑이는 전등 불빛의 속도에 맞추어지면, 그것이 매순간 새로운 불빛으로 존재한다는 것을 알게 되는 것과 같은 원리입니다(여기서 말한 '안다'는 것은 머리로 이해하는 것을 뜻하는 것이 아니라, 마음으로 체득하여 내면 깊이 각인되는 것을 말합니다). 이것이 가능해지면 모든 것이 인연의 산물, 즉 '연기'임을 알게 되고 이에 세상에 대한 태도가 바뀌게 됩니다. 바야흐로 구습이 소멸되고 '지혜'의 마음이 자라나는 것이죠.

이것이 '알아차림'에 의해 구습(악업)이 바뀌고 새로운 습관(선업)이 형성되는 원리입니다. 온갖 부정적 감정은 물론 불안장애를 비롯한 각종 마음의 질환은 이러한 원리에 의해 바뀌고 치유될 수 있습니다. 서구에서는 이미 심리치료에 '알아차림' 기법을 도입하여 많은 효과를 보고 있습니다.

결국 위빠사나 명상의 원리는, '집중'과 '알아차림'으로 기존의 잘못된 인식 습관(업)을 바꾸고, 새로운 의식을 활성화

130

시키는 훈련이라고 할 수 있습니다. 이를 위해 대상의 찰나적 변화를 '알아차림'할 수 있는 높은 집중력과 명징한 깨어 있음이 요구됩니다(이 점이 매우 중요한데 뒤에서 자세히 설명합니다). 그 궁극 목적은 열반에 이르는 것이지만, 그 과정 속에서 우리의 잘못 습관화된 생각이나 감정들이 소멸되고, 고요하고 깊고 맑은 심층의식이 자리하게 됩니다.

그럼 위빠사나 명상의 원리를 염두에 두면서 이제 명상수행에 들어가 볼까요.

V

. . . . . .

명상수행

여기에서는 주로 위빠사나 명상법을 중심으로 설명하겠습니다. 여러 명상법이 있지만 제가 직접 수련하고 있는 것이 위빠사나 명상이기도 하고, 일반인들의 명상 즉 성인이나 구도자가 되려는 것이 아니라 일상 속에서 마음을 조절하기 위한 명상법으로서는 위빠사나 명상이 가정 적합하고 응용 범위도 넓다고 생각하기 때문입니다.

그럼 위빠사나 명상법을 '집중'과 '알아차림'으로 나누어 설명하겠습니다.

1. 명상 준비

먼저 명상할 장소를 선택해야겠지요? 장소는 되도록 조용하고 남의 방해를 받지 않는 곳이 좋겠습니다. 그래야 집중이 용이할테니까요. 그리고 일단 장소를 정하면 되도록 바꾸지 말 것을 권합니다. 몸이 장소를 알아보고 거기에 금세 익숙해지기 때문입니다.

장소가 정해졌으면 명상을 시작할텐데요. 우선 자리를 잡아야겠죠. 바닥에 앉으면 다리가 아플 수 있으므로 방석 위에 앉는 게 좋습니다. 방석은 좀 두꺼운 것을 고르되 너무 푹신한 것은 피해야 합니다. 초보자는 앉을 때 엉덩이 쪽을 조금 높게 하면 편한 자세를 유지할 수 있습니다. 방석이 크면 뒤를 접어 사용하거나, 방석 위 엉덩이 쪽으로 다른 방석 하나를 올려서 사용하면 됩니다. 다리가 불편하신 분은 의자에 앉아 명상해도 무방합니다. 이때는 되도록 의자 등받이에 기대지 않는 것이 좋습니다.

앉는 방법의 대표적인 것이 가부좌(결가부좌, 반가부좌)인데, 이 방법은 허리를 꼿꼿이 피고 척추를 지지해줄 수 있기 때문에 처음에는 힘들지만 익숙해지면 명상하기에 매우 좋은 자세입니다. 이 자세를 유지하면 오랫동안 움직이지 않고 앉아있을 수 있으며, 숨쉬기에도 용이하고 정신이 깨어있게 되지요. 그러나 이것이 어려우면 다른 자세를 취해도 좋습니다. 단, 본인에게 알맞으면서도 허리를 꼿꼿이 지탱해줄 수 있는 자세를 취하는 게 좋습니다. 제 생각에 가부좌 이외에 가장 좋은 앉기 자세는, 양반다리로 앉되 양 발이 앞에서 되도록 평행이 되도록 앉는 것입니다. 한 쪽 발의 뒤꿈치를 몸의 정중앙 -그러니까 사타구니 아래쪽- 에 오게 하고, 다른 발의 뒤꿈치가 이 발의 앞쪽 발목에 닿도록 앉는 것인데 (소위 '평좌'라고 하는 것과 비슷), 양반 자세보다는 다리를 벌린 폭이 넓어져 안정적이고 허리가 곧추 서게 됩니다. 흉부도 상대적으로 열리게 되어 숨쉬기에도 편하고요. 명상시에 등 아래쪽에 통증이 느껴지면 이것은 자세가 잘못된 것이니 허리를 곧추 세우고 고쳐 앉으십시오. 나아가 '통증' 자체를 알아차림의 대상으로 삼아 '알아차림'하시면 대개의 통증은 저절로 사라집니다.

손은 가볍게 펴서 무릎 위에 올려놓거나, 양손을 모아 하단전 정중앙에 컵처럼 포개고 엄지손가락은 서로 만나게 합니다. 그래야 허리를 받쳐 자연스레 허리가 펴집니다.

당연하겠지만 옷은 되도록 편한 것이 좋습니다. 꼭 끼는 옷은 다리에 쥐가 나기 쉬우므로 피하는 게 좋습니다. 등은 똑바로 펴고 머리는 등뼈와 일직선이 되게 합니다. 다만, 너무 경직되지 않고 유연한 자세를 취해야 합니다. 턱은 약간 치켜드는 기분으로 하고, 눈은 지그시 감거나 코끝을 응시하는 것이 좋습니다.

이상, 명상의 자세는 수행자가 지루함과 긴장, 졸음에 지지 않고 오래 앉아 있을 수 있는 자세로 궁리되어 온 것입니다. 명상 자세는 꼭 정해진 것은 아니니 계속 궁리하면서 몸과 마음의 안정을 취하기 좋은 본인만의 자세를 찾아내면 됩니다.

　명상하는 시간의 길이 역시 정해두고 하면 몸이 기억합니다. 정해진 시간이 넘어가면 몸이 견디지 못하고 저항하지요. 그래서 갑자기 늘리지 말고 조금씩 늘려가야 합니다. 늘어난 시간 역시 오래지 않아 몸이 기억하고 익숙해집니다. 그리고 정해진 시간에 신경 쓰지 않도록 알람을 맞춰두면 편합니다. 시간은 -물론 사람마다 다르겠지만- 처음에는 10분 이하로 하는 것이 좋습니다. 사실 가만히 앉아있는 게 별거 아닌 것 같아도 막상 해보면 2, 3분 앉아있는 것도 어렵다는 사실에 놀라실 겁니다. 익숙해지면 차츰 시간을 늘리십시오. 숙달되기까지는 1시간을 넘기지 않는 게 좋습니다. 나중에 아주 익숙해지면 하고 싶은 만큼 해도 상관없습니다. 의욕이 앞서 처음부터 긴 시간을 목표로 하면 대체로 실패하게 되고, 그러면 명상에 압박감을 느껴 포기하게 됩니다. 따라서 처음에는 스스로 기분 좋게 끝낼 수 있는 짧은 시간을 정하시는 게 좋습니다.

　명상을 행하는 때는, 되도록 일어나서 잠이 완전히 달아난 뒤의 아침과, 모든 일을 끝내고 마음이 여유로운 밤 시간에 하는 것이 좋습니다.

　참, 다른 일을 하다가 갑자기 명상에 돌입하기보다는, 명상을 시작하기 전에 스스로 준비한 암시(주문)를 되새기며 명상에 대한 의지를 확고히 해두는 것도 -특히 초보자에게- 매우 좋은 방법입니다.

2. 집중

통상 '명상'이라고 하면 조용한 곳에 앉아서 마음을 고요히 집중하는 '좌정명상'을 생각합니다. 그러나 실은 가만히 앉아서만 하는 것은 아닙니다. 걸으면서 하는 명상도 있고, 일을 하면서도 매 순간이 명상의 장이어야 합니다. 다만 앉아서 마음을 '고요히' 하는 것이 모든 명상에 공통되는 기본적 방법이긴 합니다.

그렇다면 왜 일부러 앉아서 마음을 고요하게 할 필요가 있을까요? "모두 잠들어 고요하고 깊은 밤, 홀로 앉아 자신의 마음을 들여다보면 허망한 생각이 사라지고 참된 본성이 나타나는 것을 느낄 수 있으니, 바로 이런 가운데 커다란 진리를 얻을 수 있다."는 『채근담』의 말에서 알 수 있듯, 정좌하여 마음을 고요하게 하는 이유는 인생과 우주의 근본 진리를 깨닫기 위함입니다. 동양에서는 특히 자연을 중시하고 그것과 합일하는 것을 궁극의 목표로 여겼는데, 그 자연이 바로 '고요함' 즉 '정靜'한 것이므로 인간도 역시 고요한 마음을 유지해야 한다고 생각했던 것이죠. 물론 여기서 말하는 '고요함(靜)'이란 (소리가) 시끄럽지 않은 상태만을 말하는 것이 아니라, 욕망이 수선스럽지 않음에 그 방점이 있습니다. 다시 말해 욕망이 들끓지 않고 고요하게 평정을 유지하고 있다는 의미입니다.

그럼 명상에서는 왜 '집중'을 강조할까요?

우리 마음은 조금도 쉬지 않고 분주히 돌아다닙니다. 앞서 말했지만, 이것을 '반연'이라고 합니다. 마음이 반연하면 욕망에 쉽게 노출되어 늘 시끄럽고 위험한 상태가 됩니다. 더구나 반연하는 표층의식은 아집을 바탕으로 비교·판단하고 탐욕을 좇기에 번뇌의 근원이 됩니다. 이런 마음을 고요하게 하려면 어떻게 해야 할까요? 앞서 말했듯, 동양의 옛 현인들은 마음의 본래 상태, 즉 본성(본심)은 '정(고요함)'하다고 보았습니다. 따라서 소란한 표층의식을 뚫고 깊은 근원에 놓여있는 고요한 본성에 도달하여야 하는데 그 방법으로 '집중' 공부를 제시했던 겁니다.

깊은 집중은 의식을 뚫고 심층으로 돌진하여 삼매三昧에 들게 합니다. 삼매는 완전한 무심의 순간으로, 외부 자극에 흔들리지 않는 부동不動의 상태를 말하지요. 이때 마음이 함양되어 수선스럽던 마음이 고요하고 평화로운 마음으로 전환됩니다. 이처럼 의식이 집중되면 표피적인 의식을 넘어 기존의 일상세계와는 다른 세계, 즉 심층의식이 바라보는 세계를 체험할 수 있게 됩니다.

위빠사나에서 집중이 강조되는 이유는, 이와 같은 효과 이외에도 앞서 말했듯 집중이 되어야 통찰(알아차림)이 가능하기 때문입니다. 집중되지 못한 산만한 의식으로는 마음에서 일어나는 일들을 제대로 통찰할 수 없습니다. 물론 집중만 한다고 통찰이 가능한 것은 아닙니다. 집중된 의식은 동시에 예리하게 깨어 있어 현상하는 대상의 '지금' 이 순간을 알아차려야 합니다. 이것을 '각성성(覺惺惺)'이라고 합니다. 그러기 위해서는 순간순간 기멸하는 생각과 보조를 맞출 정도의 강한 집중력 없이는 안 됩니다. 그래서 위빠사나에서는 각성된 집중이 절대적으로 필요한 것이죠.

명상 초기에는 일정 기간 오로지 집중에만 노력하는 것이 좋습니다. 산만해진 주의를 하나로 모으는 훈련만 계속하는 것이죠. 어느 정도 집중력이 향상되면 그때부터 알아차림 훈련을 함께 해갑니다. 그러면 집중과 알아차림이 선순환을 이루어, 강력한 알아차림이 집중력을 키워주고 집중력이 커지면 자연히 알아차림을 더욱 강력하게 이끌어주게 되죠.

°°°좌정시 집중훈련

명상 준비가 끝났으면 이제 명상을 시작합니다.

가만히 앉아 호흡에 집중하고 마음을 모으면 소란하던 마음이 차차 가라앉습니다. 마음을 모으려면 마음을 지금 순간에 붙잡아 두어야 하는데, 이때 집중할 대상으로 앞서 말했던 '호흡'을 택하는 것입니다. 물론 처음에는 한 가지 대상에 집중한다는 것이 상당히 어렵습니다. 앉자마자 바로 수많은 생각들이 꼬리에 꼬리를 물고 일어날 겁니다. '생각을 막아야지'하고 마음먹으면, 그게 다시 실마리가 되어 거기에 따른 생각들이 쉴 새 없이 떠오릅니다. 생각을 강제로 멈추려 하면 '생각'에 주의력을 돌리는 일이 되어 오히려 거기에 양분을 공급하게 되고, 결과 그것이 더욱 커지게 하는 결과를 초래하는 것이죠. 이때는 생각을 멈추려하지 말고 떠오르는 생각을 그저 바라봅니다. 생각이 사라지면 다시 호흡으로 돌아와 집중합니다. 물론 이것도 쉽지는 않습니다만 참고 견디면서 계속 노력하다보면 조금씩 변화를 보입니다. 명상은 참고 또 참는 '인내'의 작업임을 명심하십시오. 조장(助長)⁹⁾하지 말고 그저 마음을 모으고 성실히 인내하며 기다리

---

9) 옛날 송나라의 고사에서 유래된 말로,『맹자』「공손추·상」에 보입니다.
어떤 농부가 곡식의 싹이 더디 자란다고 고심하다가 싹을 잡아당

면 됩니다.

그렇게 어렵고 끈기를 요하는 것이라면 어떻게 할 수 있겠어? 하고 지레 포기하는 사람도 있습니다. 그런데 생각해보십시오! 일상의 조그만 습관들, 예를 들어 발을 떨거나 손톱을 깨무는 습관도 고치려면 꽤 많은 시간과 노력이 필요합니다. 하물며 의식구조의 습관을 바꾸는 것은 얼마나 힘들겠습니까? 더구나 그 습관은 수억겁 년 동안 만들어온 습관입니다. 바꿀 마음이 없다면 몰라도, 바꾸고자 한다면 그만큼 공을 들이지 않고는 이룰 수 없는 게 당연하지 않겠습니까. 다만 분명한 것은, 하루하루 명상의 시간을 보내면 분명 그만큼의 효과가 있다는 것입니다. 그리고 습관을 바꾸기만 하면 삶 전체가 변하는 놀라운 광경을 보게 될 겁니다.

하루의 수련에 착실해라.
네 성실이 그 문의 문고리다.
계속 두드려라. 안에 있는 기쁨이
거기 서 있는 너를 내다보리니! (잘랄루딘 루미, 「태양루비」)

겨 길게 뽑아주었습니다. 그러고는 집에 돌아와 그의 아내에게 "내가 싹이 잘 자라게 도와주고(조장) 왔소."라고 의기양양하게 말했습니다. 이 말을 들은 아내가 미심쩍어 나가보니 싹이 모두 조금씩 뽑혀 있고, 물을 제대로 빨아들이지 못한 결과 시들시들하게 말라 죽어 있었다고 합니다. 따라서 '조장'이란, '조급한 마음으로 일이 빨리 진행되도록 도와주려다 오히려 망치게 되는 경우'를 지칭하는 말입니다.

마음이 너무 수선거려 도저히 앉아있기 힘들 때는 크게 심호흡을 몇 번 하면서 마음을 다집니다. 숨을 세는 것도 좋은 방법 중의 하나입니다. 들숨에 '하나' 날숨에 '둘' 해도 되고, 한 번 숨을 들이쉬면서 하나, 둘, 셋…, 내쉬면서 하나, 둘, 셋… 해도 됩니다. 또는 숨을 들이쉴 때 '들숨', 내 쉴 때 '날숨'하고 속으로 말하기도 하고, 호흡을 하나부터 열까지 세거나 또는 거꾸로 세기도 합니다.

붓다도 수식관을 말했거니와, 호흡을 하면서 그것을 세는 것은 잡념을 막고 집중하는데 매우 좋기 때문입니다. 수선거림이 가라앉으면 다시 조용히 집중합니다. 집중이 안 된다고 자책하지 마십시오. 하루아침에 이루어지는 일이 절대 아니니까요. 여하튼 조장은 절대 금물입니다. 더구나 너무 의욕이 넘쳐 오랜 시간 앉아 있거나 일상 속에서도 자꾸 집중을 행하는 것은 익숙해지기 전까지는 매우 주의해야 합니다. 명상에 질리거나 상기병(上氣病)이 일어나니까요.

저도 상기병에 걸린 적이 있습니다. 좀 욕심을 내어 정해진 시간보다 길게 그리고 자주 명상훈련을 하던 때입니다. 어느 날 얼굴이 벌겋게 달아오르더니 두통이 심하고 머리가 무거워 아무 생각도 하기 어려운 상태에 놓였습니다. 처음 겪는 현상이라 왜 그런지 몰랐지만, 아마 상기병이리라 짐작하고는 손바닥에 기를 모아 머리끝에서 발끝으로 쓸어내렸습니다. 머리 쪽에 몰린 기를 다리 밑으로 내려 빼내기 위한 것이죠. 한동안 계속하였더니 머리가 차츰 가볍고 맑아지는 기분이 들었고, 며칠간 짬짬이 계속하다보니 증상이 사라지더군요. 저는 상기병이 약하게 살짝 걸려서 다행이었습니다만 심하게 걸리면 매우 고통스러우니 조심하셔야 합니다.

　호흡에 집중할 때는 주로 숨이 드나드는 길에 집중하는 것이 일반적입니다. 즉 들이 쉴 때 코 속의 들숨이 부딪치는 곳에 의식을 집중하고, 내 쉴 때는 콧구멍의 양 날개 또는 입술에 숨이 뚜렷하게 흘러가므로 그곳에 집중합니다. 사람마다 조금씩 다르므로 자신의 숨길을 알아내어 거기에 집중하면 됩니다. 익숙해지면 숨 자체를 잘게 나누어 집중하는 연습을 합니다. 예를 들면, 들숨의 처음과 중간과 끝, 그리고 잠깐의 틈, 다시 날숨이 시작되면 그 처음, 중간, 끝 등의 식으로요. 특히 들숨에서 날숨, 날숨에서 들숨으로 바뀌는 부분에 집중하게 되면 숨이 어떻게 변하는지 잘 알게 됩니다. 생각의 경우도 마찬가지지요.

　이렇게 훈련을 계속하다보면, 의식이 집중하는 곳에 맞춰 미세한 부분까지 깨어있게 되며, 외부의 자극에 극히 민감하게 되어 조그만 자극에도 바로 반응하게 될 것입니다. 생각이 떠오르면 바로 알아차림이 가능하게 되는 것이죠. 이것이 더욱 깊고 예리한 '알아차림'으로 나아가리라는 것은 쉽게 예견할 수 있습니다.

'집중'에는 두 가지 방법이 있습니다.

첫째, 집중하여 모든 마음 작용을 완전히 멈추는 것입니다. 생각, 감각, 감정 등 일체 모든 작용을 멈추어 이른바 '무념무상'의 상태에 이르는 것을 말하는데, 어떠한 대상에도 의지하지 않고 깊은 선정에 들어야 하므로 굉장히 어려운 명상법에 속합니다. 보통 집중 대상을 설정하지 않으면 온갖 잡념에 휩싸이거나, 멍하여 졸린 상태인 이른바 '혼침'에 빠지기 쉽습니다. 초보자들이 따라 하기에는 어려운 명상법이죠. 그러나 이러한 경지에 도달하기만 하면 왜곡된 생각 이전의 맑은 본래심을 드러내게 됩니다. 물론 마음이 멈추어 있다고는 해도 동시에 예리한 칼날처럼 깨어있는 상태가 되어야 합니다. 그래야 비로소 우리에게 쌓인 업장이 제거되고 본래 마음이 드러난다고 합니다. 『대승기신론』에서 말하는 "호흡에도 의지하지 말고, 형태나 색깔을 가진 그 어떠한 것에도 의지하지 말라."라는 것은 이러한 집중을 말하는 것입니다.

둘째, 통상 사용되는 일반적인 방법으로, 호흡이나 복부 등 어떤 하나의 대상에 집중하여 마음을 그곳에 고정시키는 방법입니다. 앞에서 말했지만 마음은 그야말로 이리저리 '반연'합니다. 이 마음을 호흡에 집중하여 밖으로 달아나지 않고 내 안에 머물러 있도록 하는 것입니다. 마음이 달아나면 잡아오고, 또 달아나면 다시 잡아옵니다. 이것이 오래 지속되면 마음이 길들여져 자연스럽게 호흡에 머물게 되지요.

다만 위빠사나에서의 집중은 조금 차이가 있는데 -위빠사나는 '알아차림'을 주로 하는 명상법이라는 점을 상기하십시요- 호흡에 집중하면서도 들숨·날숨의 작용과 그것이 몸에서 어떤 변화를 일으키는지 그 느낌에 집중하여 알아차립니다. 도중에 망상 등이 떠오르면 그것에도 집중하여 알아차립니다. 그것이 물러나면 다시 호흡에 집중합니다. 이것이 반복되면 호흡의 흐름에 집중하는 시간이 점차 길어집니다.

사마타의 집중이 어느 한 대상에 강력한 집중을 쏟아 붓는 것이라면, 위빠사나는 알아차림에 나타나는 모든 대상들에 집중하고, 그 대상이 사라지면 다시 호흡에 집중한다는 점에서 차이를 보입니다.

∘∘∘일상에서의 집중훈련

우리의 일상은 행위들로 가득 차 있습니다. 명상처럼 계속해서 오랫동안 움직이지 않고 앉아 있는 것은 평소 생활과는 거의 정반대되는 일이죠. 따라서 고요하게 앉아서 이루어놓은 평온함은 움직이는 순간 사라지기 십상입니다. 움직이는 중에도 변함없이 고요하고 자각된 상태로 있기 위해서는 일상에서의 수행이 필요합니다.

'집중'과 '알아차림'을 중심으로 하는 위빠사나 명상의 장점은 언제 어디서나 훈련이 가능하다는 점입니다. 시간을 정해 규칙적으로 조용한 곳에 앉아서 행하는 명상은 물론 중요합니다. 집중적으로 수행하는 시간이니만큼 효과도 큽니다. 그러나 거기에서 익힌 능력을 사용하는 곳은 일상생활이죠. 좌정수행을 통해 익힌 것은 당연히 생활 영역에로 옮겨져야 합니다. 그렇지 않으면 명상은 무미건조하고 무익한 것으로 남게 되겠죠. 명상의 궁극적 목표는 일상생활에서 표층의식을 절제하고 심층의식을 활성화시켜 생활하는 것이 아니겠습니까? 좌정하여 앉아있을 때만 심층의식이 활성화된다면 그것은 아무 쓸모도 없는 것입니다. 좌정 명상은 어디까지나 수행이지 삶은 아닙니다. 물론 삶을 바꾸는 효과가 분명 크지만 그것만으로는 부족합니다. 매일 규칙적으로 앉아 명상한다고 삶 자체가 저절로 바뀌는 것은 아니니까요. 우리가 명상에 실패하는 가장 큰 이유가 바로 이 지점입니다. 보통 우리들은 정해진 시간에 좌정하여 열심히 명상하고는 왜 삶이 바뀌지 않느냐고 불평합니다. 그리고는 명상이 아무 효과도 없다고 투덜거리며 명상을 포기하지요.

좌정하여 하는 명상은 사실 수행자들을 위해 고안된 것입니다. 수행자들은 속세와 연을 끊고 산 속 깊은 사원에서 생활하거나, 일상 속으로 들어온다고 해도 생활 반경이 일반인들과 현격한 차이를 보입니다. 물론 수행자들도 일상 속에서

148

명상을 수행하고 그것을 중시합니다. 그러나 매 순간 수많은 일상사와 부딪치며 살아가는 일반인들과 다른 수행자들에게는 좌정 수행이 큰 비중을 차지할 수밖에 없습니다. 그것만으로도 충분한 효과를 볼 수 있고요.

이에 반해 일상의 수많은 관계들, 거기서 일어나는 이전투구와 이기적 욕망들의 충돌, 욕망을 부추기는 각종 기제들... 이런 환경 속에서 사는 사람들에게는, 단지 고요한 환경 속에서 좌정하여 얻은 깨달음이 그들의 삶터인 일상에서는 무용지물이 되기 일쑤입니다. 그래서 우리들은 수행자들보다 일상에서의 명상에 많은 시간을 할애해야 합니다. 일상 속에서 시시각각 일어나는 감정의 소용돌이에 직접 부딪쳐 극복해가는 수행이 중요할 수밖에 없기 때문입니다.

물론 좌정명상이 필요하지 않다는 말은 아닙니다. 좌정명상과 함께 일상에서의 명상도 수행되어야 한다는 것입니다. 특별히 조용한 곳에 앉아 수행을 하는 것은, 그것이 명상하는데 가장 좋은 조건이고 그럴 때 집중적으로 훈련하여 몸에 익혀두고자 하는 것입니다. 그래야 일상에서의 실천에 도움이 되니까요. 잘못된 자세를 바꾸기 위해 훈련하는 야구 선수에 비유하자면, 좌정명상은 훈련장에서 (거울 등을 보며) 혼자 훈련하는 것이고, 일상에서의 명상은 실제 시합 중에 하는 훈련이라고 할 수 있겠죠.

옛 현인들도 일상에서의 훈련을 강조했습니다. 특히 일상적 삶을 중시하는 유교는 불교의 명상수행법을 받아들이면서도 일상에서의 수행을 강조하는 방향으로 나아갔습니다. 다음은 왕양명과 그의 제자 사이의 대화입니다.

"'고요히 앉아 있을 때에는 우리 의식도 고요한 상태에 머물러 있습니다만, 무엇인가를 하려고 하면 완전히 돌변합니다. 무슨 까닭일까요?' '그것은 단지 마음을 고요하게 기르는 것만 알고, (일상에서) 자기의 욕망을 극복하는 공부를 하지 않았기 때문이다. 그렇게 되면 실제로 일에 임했을 때에 마음에 동요가 생기게 된다. 따라서 일에 임했을 때 마음을 단련해가는 것이 오히려 마음의 안정을 얻을 수 있는 방법이 될 수 있다.'"(『전습록』상)

"'정좌하고 있으면 이 마음이 수렴되고 있음을 느낍니다만, 일에 부딪치면 그것이 계속되지 못하고 점차 그 일에 대해 이모저모 생각하게 되어버립니다.' (양명이 말했다) 일에 임했을 때에 마음을 단련하여야 그 효과가 있게 된다. 고요한 상태(靜)를 좋아하는 것뿐이라면 일에 부딪힐 때 마음이 혼란해지고, 결국 학문도 크게 진보하지 못하게 된다.'"(『전습록』하)

예부터 동양에서는 마음이 오롯이 '지금 여기'에 집중되어 있는 것을 '현재일념(見在一念)'이라 하여 매우 중시했습니다. 주희가 주장한 공부법 중 이른바 '경공부(敬工夫)'라 하는 것은, 정좌를 통해 '지금 여기'에 집중된 고요한 마음을 얻고, 그 마음으로 '현재'의 일상 업무를 행하는 것을 말합니다. 일을 하고 있지만 마음은 여전히 평온한 상태를 유지하는 이른바 '동중정(動中靜)'의 상태이죠.

이제부터는 마음을 모아 집중된 상태에서, 신문 볼 때면 신문만 보고 요리할 때면 요리만 하며 대화할 때는 그 대화에만 집중하십시오. 머잖아 놀라운 결과가 그동안의 노력에 보답할 것입니다. '지금 현재' 그 순간에 맞닥뜨리는 일에만 오롯이 집중하는 것이 '일상시 집중 훈련'의 가장 핵심입니다. 길을 걸을 때에도, 운전할 때에도, 업무를 볼 때에도 오직 그 일에만 집중하십시오.

짬이 나면 따로 시간을 내어 집중력을 수련합니다. 우리는 보통 집중하지 않고 건성건성 사물을 의식하고 기억합니다. 매일 지나다니며 보와 왔던 집 앞의 상가 색깔이나 간판 문구 또는 글씨체 등을 한 번 기억해보십시오. 아니면 읽고 있는 책의 겉표지가 어떻게 되어 있고 글씨가 어떻게 나열되어 있었는지 기억해보십시오. 전혀 떠오르지 않을 겁니다. 우리의 일상은 늘 반복적이고 너무나 친숙하기에 별로 주의를 기울이지 않고 대충 훑어보며 살고 있는 것입니다. 그래서 일부러라도 짬을 내어 집중훈련을 해야 합니다.

사실 일상의 모든 것이 집중훈련의 대상이 될 수 있습니다. 예를 들어, 잡지의 세세한 부분을 살피고 인물들의 얼굴 표정을 세심히 관찰하는 것도 좋은 집중훈련 중의 하나입니다. 식사하면서 음식의 맛과 식감, 입 안에서의 느낌 등도 집중훈련의 좋은 대상이고, 세수할 때 비누의 향이나 얼굴의 촉감도 그렇습니다. 계단을 오르내릴 때도 발바닥의 느낌이나 발의 움직임에 집중하십시오. 식탁 위의 사과에도 집중하여, 질감과 색이 빛의 변화에 따라 어떻게 달라지는지 관찰합니다(문학자나 예술가들은 실제 이렇게 합니다). 이와 같은 집중훈련을 매일 규칙적이고 지속적으로 실천하다보면 집중력이 강화됩니다. 그러면 '알아차림'에서 확연히 달라진 자신을 느끼게 될 것입니다.

그런데 말이 쉽지 '집중'은 보통 어려운 게 아니어서, 상당한 인내와 노력이 필요한 작업입니다. 시험 삼아 아름다운 보름달을 마음속에 떠올리고 그 보름달을 계속해서 생각해 보세요. 그러면 굉장한 집중력을 지속적으로 발휘해야만 한다는 것을 알게 될 겁니다.

물론 호흡 집중도 중요합니다. 일상 속에서 잠시 틈이 나면, 예를 들어 전철을 기다릴 때나 친구를 기다릴 때 호흡에 집중하는 훈련을 합니다. 부정적 감정이 일어나거나 마음이 산란할 때도 조용히 호흡에 집중하는 훈련을 하면 부정적 감정이 약화되거나 사라질 겁니다. 더욱이 좌정명상을 성실히 수행해온 사람이라면 바로 그 효과가 나타날 겁니다. 잠시 집중하는 것만으로도 깊고 고요한 심층의식의 세계가 활성화되기 때문이죠. 집중훈련이 지속되면 습관이 점차 바뀌게 됩니다. 일상에서 과거나 미래에 빠져 지내거나 욱하는 감정에 휘둘리는 일이 눈에 띄게 줄어들고 있음을 느끼실 겁니다.

언제 어느 때건, 명상의 핵심은 지금 '현재'에 집중하는 것이라는 점을 늘 명심해야 합니다.

3. 알아차림

괴로움(苦)을 극복하기 위해서는 눈을 외부로 돌릴 것이 아니라 내부로 가져와야 합니다. 어두운 바다 속에 드넓은 세계가 펼쳐져 있듯, 마음속은 우주만큼이나 광활함과 변화를 간직하고 있습니다. 우리가 보려하지 않기 때문에 모를 뿐이죠.

심층의식의 힘을 통해 미망의 장막을 걷어내면 '있는 그대로'의 모습이 드러나고, 모든 존재가 하나로 연계된 것임을 알게 됩니다. 전체는 하나로 엮어져 흐르는 것. 이것들을 각각의 실체로 분리시킨 것은 우리의 표층의식인 에고 때문이었음을 자각하는 것이죠.

그런데 이것이 머리로 이해한다고 삶 속에서 그대로 행해지는 것은 아닙니다. 실천을 통해 자각하고 체화해야만 가능합니다. 역사를 깊이 연구하여 거기서 많은 교훈을 얻었다고 해서 그가 그 교훈대로 사는 것은 아닙니다. 머리(이념)가 정의와 평등을 지향한다고 해서 그가 정의롭고 평등한 삶을 사는 것은 아닌 것이죠. 반드시 실천공부가 함께 할 때 비로소 생각과 행동이 일치하는 것입니다. 그래서 위빠사나에서는 '알아차림'이라는 훈련 과정을 두었습니다.

'알아차림'이란 팔리어[10] 사티(Sati)를 번역한 것으로 '존재하는 것을 그 있는 그대로 지켜본다'는 뜻입니다. '알아차림'은 우리 인식 세계에서 벌어지는 모든 것을 -온갖 욕망, 느낌, 감각, 신체적 변화 등- 그 일이 일어나는 그대로, 그 일이 일어나는 바로 그 (현재)시점에서 자각하는 것입니다.

이때 떠오르는 생각이나 감정을 아무런 판단 없이 바라본

---

10) 팔리어는 인도의 토착 방언으로, 붓다 자신이 팔리어를 고집하였다고 합니다. 이것이 스리랑카를 거쳐 남방불교(미얀마, 타이, 캄보디아, 라오스, 베트남 등)에 전해져 경전 용어로 사용됩니다. 지금도 동남아시아에서는 불교활동에 이 언어가 사용되고 있습니다. 산스크리트는 소위 범어梵語라 불리는 것으로 고대 인도의 아리아어를 통칭하는 것입니다. 바라문교의 성전인 베다의 언어이고, 대승경전들은 주로 이 언어로 쓰여 있습니다.

154

다는 점이 중요합니다. 그것은 일어나는 모든 일을 개념화된 사고를 거치지 않고 직접적이고 즉각적으로 체험하기 위한 것입니다. '알아차림'은 우리가 바라보는 생각이나 느낌에 어떤 것도 더하거나 빼지 않습니다. 그것은 무엇이 나타나든 그냥 그것을 바라보기만 합니다.

알아차림 훈련을 지속하면 자기도 모르게 '생각을 바라보는 눈'이 조금씩 성장하고, 오래되면 '생각'이 나와 무관하게 스스로 일어났다 소멸하는 현상임을 분명히 알게 됩니다. 하나의 생각이 다른 생각을 불러오는 것을 지켜보고, 다시 그것이 또 다른 생각을 불러일으키는 것을 보게 되는 것입니다. 행동과 생각, 느낌과 욕망, 그 모든 것이 인과의 섬세한 그물 속에서 긴밀하게 연결되어 있음을 보고, 존재의 무상성과 무아성을 자각하게 됩니다. '지혜'가 생겨난 것이죠.

물론 명상만이 아니라 '선지식', 다시 말해 훌륭한 스님들의 주옥같은 설법은 물론이거니와, 좋은 책도 읽고 영화도 보고 여행도 하며 좋은 대화를 많이 나누는 것 역시 중요하겠지요. 여기서도 분명 평안을 얻을 수 있습니다. 그러나 위빠사나 명상의 '알아차림'은 더욱 효과적이고 영구적으로 깨닫기 위해 체계적으로 고안된 방법입니다. 선지식과 함께 알아차림 명상을 수행해가면 큰 효과를 보실 수 있을 겁니다.

간단히 효과의 예를 들어보기로 하겠습니다.

누군가 나에게 한 행동이 나를 무시한 것이라 판단하면, 이어 분노가 생겨납니다. 그러면 생각과 감정이 서로 시너지를 일으켜 불같이 화를 내게 됩니다. 우리의 일상적 패턴이죠. 그러나 분노가 일어나는 순간을 '알아차림'하여, "분노가 일어나고 있구나"하고 그 상황을 자각하면 분노는 사라집니다. 물론 처음에는 잘 사라지지 않고, 또한 사라져도 얼마간 분노의 감정이 여운처럼 남습니다. 그러나 분노가 일어나는 순간마다 '알아차림'하면, 그리고 그것이 지속되면 점차 분노가 사라지고 여운도 없게 되지요. 그리고 급기야 같은 상황에서도 분노의 감정이 일어나지 않게 됩니다. "옛날에는 왜 그런 일에 화를 냈을까!"하고 생각하는 경우가 있지 않습니까? 이처럼 동일한 상황이라고 해도 항시 동일한 감정이 생기는 것은 아닙니다. 물론 분노가 일어나지 않는다는 것이 상대의 행동에 아무런 반응도 하지 않는다는 말은 아닙니다. 상대가 너무 몰염치하면 그 일에 대해 분노 없이 항의할 수 있겠죠.

혹자는 "왜 그런 상황에서 대화를 해, 바보같이! 그러니까 점점 더 무시하잖아."라고 말할지 모릅니다. 그러나 당사자가 그런 일로 화가 나지 않는 걸요. 그리고 화낼 상황도 아니라고 생각하고 있는데요! 자존심 상한다는 생각은 전혀 들지 않습니다. 다만 그 상황을 상기시키면서 좀 주의해달라고 말하고 싶은 정도지요. 마음의 눈이 바뀌어 세상이 달리 보이는 겁니다. 단지 인과 연에 의해 일어난 현상일 뿐 그 일로 화낼 이유가 없음을 깨달았기 때문입니다. 성인들은 화를 참고 내지 않는 것이 아니라, (수행으로) '지혜'가 자라나 '화가 나지 않는 것'입니다. 다시 말해 그런 상황은 화를 낼 상황이 아니라고 생각하는 겁니다. 마음이 그렇게 받아들이는 것이죠. 그래서 죽음 앞에서도 초연합니다. 죽음이 그들 마음을 흔들어댈 수 있는 것이 아니기 때문입니다. 두려움을 참아가며 죽음을 받아들이는 것이 아니라, 본래 죽음에 아무런 두려움도 느끼지 않는 것입니다.

∘∘∘좌정시 알아차림 훈련

자! 명상을 시작합니다. 반드시 알아차려야지 하는 마음으로 명상을 하게 되면 경직되어 오히려 해가 됩니다. 그냥 편안하게 마음속에서 일어나는 일을 들여다본다는 기분으로 가볍게 시작합니다.

먼저 호흡에 집중합니다. 들숨이 코의 어디로 들어오고, 날숨이 어디를 건드리며 지나가는지 관찰하면서 깊은 호흡을 합니다. 물론 숨을 들이쉬고 내쉴 때 몸의 어디가 어떻게 변화하는지도 관찰합니다. 깊은 호흡과, 그리고 그 호흡에 대한 관찰만이 지속되는 고요한 상태입니다.

그런데 갑자기 무엇인가가 불쑥 마음속에 떠오릅니다. "스테이크가 먹고 싶다!" 같은 생각이. 그러면 자기도 모르게 '먹고 싶다'는 생각에 휘말려 "언제, 누구랑, 어디서 먹을까"에 골몰하게 됩니다. 맛을 상상하면서요. 우리의 일반적 사고 진행 과정입니다. 그러나 명상할 때는 깨어있는 의식으로 '스테이크가 먹고 싶다는 생각이 떠오르고 있음'을 알아채고 아무런 판단 없이 그 생각을 (개념화시키지 않고) 그저 바라봅니다. 생각이 사라지면 다시 '베이스캠프'인 호흡으로 돌아갑니다. 그러나 이내 "내가 자동차 엔진오일을 갈았던가?" 하는 잡념이 다시 생깁니다. 이때도 역시 '자동차 엔진오일을 갈았던가 하는 생각이 떠오르고 있음'을 알아차립니다. 잡념들과 다투거나 억제하려고 노력하지 마십시오. 알아차리면 그 생각은 곧 사라집니다. 그러면 다시 호흡으로 돌아와 호흡에 집중합니다.

물론 처음에는 어떤 생각이 떠오르고 있다는 사실을 인지하지 못합니다. 그저 그 생각과 하나가 되어 '상상의 세계'를 노닐 뿐이죠. 그렇다고 걱정할 필요는 없습니다. 누구나 다 그렇습니다. 그저 알아차린 순간 다시 호흡으로 돌아오면 됩니다. 명상 초기에는 계속 이런 상태의 반복일 겁니다. 그래도 꿋꿋이 계속해가면 차츰 생각이 떠오르는 빈도가 줄어들고 호흡에 집중하는 시간은 길어집니다. 떠오르는 생각을 알아차리기까지의 시간도 짧아져갑니다. 습관이 바뀌기 시작하는 겁니다. 게다가 호흡에 집중하면서 내면에 주의를 기울이다 보면 점차 자기 생각을 들여다보는 신비한 경험을 하게 됩니다. 생각이나 감정이 '나'가 아니라 색수상행식 오온의 연기임을 알게 되는 것이죠. 이제는 명상이 재미있어지기 시작합니다.

바로 이런 과정 중에서 기존의 잘못된 마음 습관이 바뀌게 됩니다. 사실 '깨달음'이란 잘못된 마음의 습관이 사라져 아무런 장애가 없는 상태를 뜻한다는 점에서, 명상 중에 이런 현상이 일어나는 것은 당연한 일이겠죠.

명상시에 불현듯 자기 마음대로 찾아오는 갖가지 사념들을 기쁘게 맞이하고 느끼십시오. 그것이 부정적인 것이라도 말이죠. 모두가 좋은 훈련 대상이고, 위빠사나 명상은 이러한 것들을 극복하기 위해 마련된 방법이니까요. 슬픔이나 고통을 어떻게 바라보고 받아들이는 가가 삶의 질을 가름하는 기준입니다.

잘라루딘 루미는 인간 존재를 〈여인숙〉에 비유하여 다음과 같이 말합니다. "인간이라는 존재는 여인숙과 같다./ 매일 아침 새로운 손님이 도착한다.// 기쁨, 절망, 슬픔/ 그리고 약간의 순간적인 깨달음 등이/ 예기치 않은 방문객처럼 찾아온다.// 그 모두를 환영하고 맞아들이라./ 설령 그들이 슬픔의 군중이어서/ 그대의 집을 난폭하게 쓸어가 버리고/

가구들을 몽땅 내가더라도./ 그렇다 해도 각각의 손님을 존중하라./ 그들은 어떤 새로운 기쁨을 주기 위해/ 그대를 청소하는 것인지도 모르니까.// 어두운 생각, 부끄러움, 후회/ 그들을 문에서 웃으며 맞으라./ 그리고 그들을 집 안으로 초대하라./ 누가 들어오든 감사하게 여기라./ 모든 손님은 저 멀리에서 보낸 안내자들이니까."

불안이 찾아오는 신체적, 감정적, 인지적 신호를 감지할 때는, 가슴을 답답하게 하는 그 기분이 과연 무엇인지, 머릿속에 떠오르는 불안의 감정이 정확히 무엇인지 바라봅니다. 그냥 '연필'을 보듯 '불안한 마음'을 봐야 합니다. '불안한 마음'을 두려워하면 그것은 괴로움의 시작이 됩니다. '불안한 마음'은 단지 연기의 조건에 의해 일어난 하나의 현상일 뿐입니다. 따라서 '불안한 마음이 생기고 있음'을 알아차리면 그뿐입니다. 그로 인해 '내'가 고통스러울 아무런 이유도 없습니다. '나'와는 전혀 상관없는 것이며, '나'에게 어떤 해도 끼칠 수 없는 것입니다. 거기에 집착할 때만 병이 되는 것이죠. 그것을 나와 상관없는 연기의 현상으로 볼 줄 알면 우리의 고통은 종식됩니다(앞서 말했듯 사실 감정을 담아낼 '나'도 없습니다).

명상이 지루하면 '지루함'이라는 감정에도 주목하십시오. 지루해서 마음이 어떻게 변해 가는지 주목하십시오. 지루하다면 그것을 생생하게 의식하십시오. 우리의 내면에서 어떻게 '지루함'을 만들어내는가 관찰하십시오.

어떤 충동(예를 들어 명상하는 도중 그만두고 싶은 충동)이 일어나면 그 충동을 알아차림하고 그것이 왜 일어났는지 주목하십시오. 충동이 어떻게 비롯되는지 살펴보는 연습을 하면 차차 충동에 저항할 수 있는 힘이 생깁니다.

신체감각이나 외부 자극 역시 생각, 감정에 대한 것과 동일한 방법으로 대처하면 됩니다. 예를 들어 명상 도중 다리가 저리면 '저림'을 알아차립니다. 저리면서 몸에 어떤 변화가 일어나는지 가만히 지켜봅니다. '저리다'는 불편한 상태에 주의를 집중하지 마십시오. 그저 바라만 보면 됩니다. 그러면 얼마 후 '저림'이 사라집니다. 가려움도 마찬가지고, 다른 신체 변화도 마찬가지입니다. 만일 가렵다고 긁기 시작하면 바로 얼마 후 다른 곳, 또 다른 곳이 가렵습니다. 야속할 정도지요. 그러나 가려움을 바라보면서 이겨내면 그 명상 시간에는 더 이상 가려운 곳이 나타나지 않을 겁니다.

외부 자극에 대처하는 방법도 같습니다. 우리를 둘러싼 소리들을 의식하고 그저 소리 자체에 정신을 집중하는 훈련을 합니다. 소리를 해석하거나 판단하려 하지 마십시오. 혹 소리에 신경이 예민해져 그것을 판단하고 이로 인해 어떤 감정이 튀어나오면 그 감정을 '알아차림'합니다. 그리고 사라지면 다시 호흡으로 돌아가면 됩니다.

명상 도중 누가 들어와도 짜증내지 말고 그냥 그가 부스럭거리는 소리를 느끼기만 하십시오. 불평할 필요도 없지만 혹 불평하게 되면 그 '불평' 자체를 알아차림 하면 됩니다. 몇 번만 반복하면 명상 도중 누군가가 들어와도 불평이 일어나지 않습니다.

마음의 습관적 관성으로부터 벗어나는 열쇠는, 일어난 현상이 마음에 떠오르는 최초의 순간을 포착할 수 있는가에 달려 있습니다. 이것을 기미를 알아차린다는 의미에서 '단예찰식(端倪察識)'이라고 합니다만, 우리의 삶에서 바로 다음 순간 마음에 무엇이 일어날지에 대한 모든 차이를 만드는 것이 바로 이 지점입니다. 그 최초의 순간을 포착하기 위해서는 마음이 또렷이 깨어있어야만 합니다. 깨어있는 마음으로 알아차리려 노력하면 점점 알아차리는 시간이 빨라집니다.

사실 위에서 말한 것은 붓다가 강조한 사념처(四念處) 수행법을 풀어 쓴 것에 다름 아닙니다. 붓다는 말합니다. "중생들을 깨끗하게 하고 근심과 두려움을 없애주며 괴로움과 번뇌를 멸하게 하는 수행법이 있으니 사념처가 그것이다.…사념처란 身(몸)과 受(느낌)와 心(마음)과 法(만유)을 있는 그대로 관찰하여 그 생각에 머무는 것이다."(『중아함경』, 98, 「염처경」). 이렇게 보면 모든 것이 '알아차림'의 대상인 것이죠.

마지막으로, 앞에서도 말했지만 어느 정도 익숙해지면 몸의 감각이나 떠오르는 내용들 간의 간격을 세심하게 관찰하는 훈련을 합니다. 예를 들면, 호흡 집중 중에는 들숨과 날숨을 나누어 관찰함은 물론, 양자가 연결되는 사이의 간극을 관찰합니다. 생각의 경우에는, 한 생각의 바로 전과 바로 후에 나타나는 것들을 관찰하려 하십시오. 대단히 어려운 일입니다만, 호흡을 잘게 잘라 관찰하는 능력이 커지면 생각도 잘게 잘라 인식하는 힘이 생깁니다. 그러면 생각이 어떻게 생겨났다 사라지는지 그 과정을 통찰할 수 있게 됩니다. 다시 말해, 하나의 마음 현상이 사라지는 모습을 분명하게 보고, 지금 이 순간의 현상을 또렷이 보며, 다음의 마음이 일어나는 모습을 선명히 보게 됩니다. 이것이 평소 우리 내면에서 떠오르는 생각이나 감정들을 알아채고 그것을 통제할 수 있는가 그렇지 못한가의 갈림길이 됩니다. 나아가 만물의 연기성을 자각할 수 있는 방법입니다.

떠오르는 대상에 집중하여 '알아차림' 훈련을 지속하면, 아무 때나 끼어들어 비교, 판단, 집착하던 에고의 습관이 점점 약화되어 갑니다. 자기가 활용되어야 하는 영역(예를 들면, 지식 획득)에서만 활동하게 되겠죠. 대신 심층의식이 점차 활동성을 강화해갑니다. 그리고는 자기의 영역, 즉 인간이나 자연과의 관계 등에서 자타불이의 마음, 사랑과 공감의 마음으로 활동합니다. 그렇다고 우리가 대상에 따라 표층의식과 심층의식 양자를 의식적으로 구분하여 불러낸다는 말은 아닙니다. 저절로 그리고 자연스럽게 남을 대할 때는 사랑과 이해와 공감의 마음이 주도적으로 작용하고, 회사의 업무를 볼 때는 자연스럽게 에고가 우리 사고를 이끌어가게 되는 것이죠.

◦◦◦일상에서의 알아차림 훈련

'일상에서의 집중훈련'에서도 언급했듯이 명상은 일상으로 이어져야 합니다. 명상의 목표는 삶 자체를 변화시키기 위한 것이기 때문입니다. 좀 극단적으로 말하면 가부좌를 풀고 일어서는 순간부터 진정한 의미에서의 명상 훈련이 시작되어야할 시간이라고 할 수 있습니다. 다만, 일상의 시간 모두를 알아차림 상태로 지낼 수는 없습니다. 그러니 통상적 업무나 중요한 일을 하는 시간에는 그 일에 온전히 집중하고, 나머지 시간에 짬을 내어 알아차림 훈련을 하면 됩니다.

그럼 일상에서의 '알아차림' 훈련은 어떻게 해야 할까요?
일단 일상에서는 해야 할 일에 집중하는 것이 가장 중요한 일이자 명상입니다. 업무면 업무, 만남이면 만남, 독서면 독서, 거기에 집중하십시오. 그러는 와중에 '현재'가 아닌 어떤 생각이나 감정이 떠오르면, 반드시 그런 생각이나 감정을 차단하는 신호를 보내야 합니다. 물론 명상의 '알아차림'을 의식하지 않은 때이니 만큼, 그런 생각이나 감정이 싹트는 순간을 의식하지 못하고 기껏해야 어느 정도 진행된 뒤에야 알아차릴 수 있을 겁니다. 여하튼 자각한 순간 바로 차단시켜야 합니다. 예를 들어, '멈춰' '스톱' 등의 신호를 보내 그런 생각이나 감정 또는 행동에 브레이크를 거십시오. 좌정명상을 충실히 지속적으로 수행한 사람이라면, 일상에서 꼭 명상의 형태를 취하지 않아도 떠오르는 생각들이 저절로 의식될 겁니다. 이때도 자각할 때마다 부정적 생각이나 감정들을 '멈춰'해야 합니다. 그래야 습관화를 막고, 에고가 약화되어 다시는 떠오르지 않게 됩니다.

그러나 짬이 난다면 -집중해서 해야 할 일이 없으면- 알아차림 수행을 하십시오. 명상하는 사람에게 쓸모없는 시간이란 없습니다. 어떤 자투리 순간이라도 명상에 활용할 수 있지요. 병원에서 불안해하며 앉아 있는 중이라면 자신의 불안에 대해 '알아차림'하십시오. 초조하게 면담을 기다리는 중이라면 초조함에 대해 명상하십시오. 그것들이 어떻게 진행되고 몸에 어떤 변화를 일으키는지 '알아차림'하는 겁니다. 앞서 말한 '사념처'는 일상에서도 수행의 대상입니다.

아무리 힘들고 고통스러운 감정이라도 회피하거나 두려워하지 말고 그 감정을 '있는 그대로' 바라보고, 그것 역시 스쳐가는 것임을 자각해야 합니다. 사실 강박증이나 불안증 같은 경우 '알아차림'하려는 생각조차 들지 못할 정도의 극심한 두려움이 솟구칩니다. 그것이 단지 하나의 현상이고 마음의 습관에 지나지 않는다고 아무리 달래 봐도 소용이 없습니다. 겪어보신 분은 잘 아실 겁니다. 그 숨 막히는 공포를! 그러나 그럼에도 불구하고 그 감정을 '알아차림'으로 대면하려 노력하십시오. 두려움의 모습을 관찰하십시오. 두려움이 어떻게 나를 떨게 하고 있는지를 그냥 바라보십시오. 물론 처음 얼마간은 두려움에 굴복하여 '알아차림'을 포기하고 질식할 것 같은 힘겨운 시간을 보내실 겁니다. 그러나 실패해도 자꾸 들여다보려고 노력하면 반드시 그 두려움의 정도가 점차 약해져갑니다. 그런 상황에 부딪치는 횟수도 줄어들지요. 결코 쉽지 않지만 분명 가능한 일입니다. 그 두려움에 머리 숙이면 그것이 영원히 우리를 괴롭힌다는 것을 명심하십시오.

여기서 잠깐 저의 실제 경험을 말씀드리기로 하겠습니다.
정확히는 기억나지 않지만 10여 년 전쯤의 일이라 생각됩니다. 왜 안방에 붙어있는 조그만 화장실이 있지 않습니까? 창문하나 없고 아주 조그만 화장실이요. 평소 문고리가 좀 흔들거려 고치려고 마음은 먹으면서도 손보지 않고 이럭저럭 지냈습니다. 어느 날, 볼 일을 보고나서 문을 열려고 하니

166

잠겨버린 거예요. 당연히 밖에서는 열릴 줄 알고 아내를 불렀죠. 그런데 밖에서도 열리지 않는 거였습니다. 고장이 나서 움직이지 않는 것이었죠. 열쇠 수리하는 곳에 전화 좀 걸라고 부탁하고 욕조에 가만히 걸터앉아 있었는데 좀 답답한 느낌이 드는가 했더니 이내 숨이 막혀오면서 막 흥분되기 시작했습니다. 분명히 20-30분 정도 있으면 열 수 있을 거라는 사실을 알면서도 달래지지가 않았습니다. 문을 쾅쾅 두드리고 난리가 났었죠. 점점 숨은 막혀오고... 아내는 조금만 참으라고 달래고. 지금 생각하면 웃음만 나오지만 그때는 절박했습니다. 한동안 문을 두드리거나 손잡이를 돌리고하다 보니까 갑자기 저절로 문이 열렸습니다. 나와서는 아내에게 좀 머쓱했지만 긴 안도의 한숨을 내쉬었습니다. 사실 그런 상황은 정말 두렵습니다. 당시 제 생각에는 죽을 듯 괴로웠으니까요. 이성적으로는 설명이 안 됩니다만 정말 그랬습니다. 그런데 그 상황의 고통이 내면에 강하게 남아있었던지, 그 후로는 가끔씩 -물론 그때 정도로 심한 것은 아니지만- 그와 비슷하게 가슴이 답답한 상태에 빠지곤 했습니다(뇌신경학에 의하면, 단 한 번 극단적인 우울을 겪기만 해도 뇌의 회로가 변형되어 다음번에는 더 쉽게 우울로 빠져들게 된다고 합니다). 예를 들어 뭔가 기억나지 않아 답답할 때라든지, 장롱 밑으로 들어간 것을 꺼내려는데 잘 안 될 때... 분명 아무 것도 아니라는 것을 머리로는 알고 있는데 그게 잘 안

되더라고요. 그래서 가끔은 숨이 꽉 막히는 그런 경험을 하곤 했습니다.

그런데 계속 명상을 하면서 숨 막히는 현상을 그냥 보려고 노력하다보니까 -그런 증상을 반드시 고치려는 의도는 없었는데- 그런 상태에 빠지는 일이 저절로 줄어드는 겁니다. 예를 들어 뭔가 기억이 안 나도 아주 잠시 답답한듯하다가 그냥 넘어갔습니다. 그리고 점점 증상이 없어져갔습니다. 혹 그런 증상이 일어날 것 같으면 바로 알아차리고 호흡에 집중했습니다. 그러면 가슴을 치고 오르려던 증상이 없어지더군요. 그러더니 언제부턴가 거의 나타나지 않습니다. 습관이 약화되고 바뀐 것입니다. 참으로 신기한 일이지요. 더불어 여러 부정적 감정 -불안, 짜증, 분노 등- 도 눈에 띄게 줄어들었습니다.

제 우스꽝스러운 경험을 장황하게 쓰고 말았네요. 제가 하고 싶은 말은, 알아차림 훈련이 분명 효과가 있다는 겁니다.

이제 알아차림이 어느 정도 익숙해지면 행위 하나하나를 잘게 잘라 알아차림 훈련을 합니다. 예를 들어 밥 먹는 과정에도 알아차림 할 것이 수없이 많습니다. 눈앞의 밥을 보고, 그것을 먹으려는 마음(의도)이 일어나고 있음을 알아차림합니다. 팔을 뻗어 수저를 잡고 밥을 담아 들어 올리려는 의도를 알아채고 들어 올려지는 감각을 느낍니다. 입에 닿는

168

따스한 밥의 감촉, 고소한 풍미, 입 안에 퍼지는 단순하면서도 풍성한 맛을 느껴보십시오. 꼭꼭 씹고 목을 넘기려는 의도가 있고 그것을 넘길 때의 식도의 느낌, 배가 불러오는 감촉, 다시 수저를 내려 놓으려는 의도가 일어남을 알아차리고, 팔을 내려 반찬을 집는 감각을 느낍니다. 이밖에도 많은 의도와 느낌이 있을 겁니다. 그 모든 흐름에 주의를 기울이면서 하나하나 알아차림 합니다. 사실 이것을 온전히 해내는 건 수도에만 정진하는 수행자에게도 어려운 일입니다. 다만 틈틈이 시도해 보면 조금씩 진전이 있으면서 재미도 있어집니다.

이와 똑같은 훈련을 수많은 일상 행위들에도 적용해볼 수 있습니다. 좌정명상에서 호흡을 잘게 잘라 인식하는 훈련을 쌓은 사람이라면, 일상에서의 행위를 잘게 잘라 인식하는 것도 비교적 용이하게 익힐 것입니다. 이렇게까지 세세하게는 못한다 해도, 적어도 앉고 일어나고 걷고 눕고 하는 구분된 행동 하나하나는 알아차림 하도록 노력하십시오. 이렇게 되면 자연히 마음의 속도도 늦춰질 것입니다. 부정적 생각이나 감정(불안, 초조, 분노, 질투 등)은 마음의 속도가 매우 빠른 상태입니다. 반사적 반응이 부정적 감정 폭발의 원흉인 것이죠. 생각과 행동의 움직임을 늦추면 그렇지 않을 때보다 훨씬 깊고 안정된 감정 상태로 들어갈 수 있습니다. 일상 활동을 하는 중에 이렇게 일부러 속도를 늦추기가 처음에는 대단히 어렵겠지만 시간이 지날수록 점차 기술이 늘어납니다.

잘게 잘라 인식하는 훈련이 중요한 이유는 '명상의 원리'를 논한 부분에서 언급하였으니 참조하시기 바랍니다. 다만 한 가지 강조하고 싶은 것은, 이런 수행의 효과는 뇌과학의 전기파 실험에 의해 이미 입증되었다는 점입니다. 뇌과학에 의하면, 행동하려는 의도는 우리가 그것을 알아차리기 이전에 이미 뇌에서 형성됩니다. 우리는 그 의도를 의식하지 못하므로 그것이 행동으로 나타나는 것을 막지 못하죠. 그러나 오랫동안 위빠사나 명상 훈련을 쌓은 사람들은 뇌에서 무언가를 행동하려는 의도가 시작될 때 이미 그것을 알아차리는 뇌파가 움직였다고 합니다. 그렇다면 그 의도를 조절하여 행동으로 나타나게도 그렇지 않게도 할 수 있겠죠. 엄청난 능력이지 않습니까.

'멈춰' 대신 하나의 만트람(mantram, '성스러운 이름' 이라는 의미로, 기도나 명상 때 외우는 주문)을 정해 마음속으로 외치는 것도 부정적 생각에 브레이크를 거는 효과가 작지 않습니다. 어떻게 보면 마음속에 만트람을 심는다는 점에서 더욱 효과적일 수도 있습니다(물론 이것으로는 세상의 실상, 즉 연기를 통찰하는 데는 이르지 못합니다). 여러분도 하나의 만트람을 지니고 틈이 날 때마다 외우면 많은 효과를 보게 될 겁니다.

적극적으로 긍정적 감정의 발동을 연습하는 것도 좋습니다. 보통 '감사 명상'이라고 하는 것이죠. '고맙습니다' '감사합니다'는 말과 생각을 자꾸 반복하면 그것이 의식에 각인됩니다. 새로운 습관이 좋은 향기처럼 스며드는 것이죠. 그러면 실제로 작은 일에도 감사하는 마음이 일어납니다. 비슷한 것으로 '자비명상'이라는 것도 있습니다. 자신에게 자비의 마음을 보내고, 나아가 그 자비심을 가족, 친구, 이웃 등에게로 확산시킵니다. 마지막으로 나에게 좋지 않은 행동을 한 사람들에게까지 넓혀가며 자비심으로 온통 마음을 채워가는 것이죠.

일부러라도 웃으면 웃는 근육이 자극받아 정말 즐거워서 웃을 때와 같은 효과를 본다는 말이 있지 않습니까? 감사하는 마음이나 자비심을 갖는 것도 마찬가지입니다. 일부러라도 매사에 감사하는 마음을 갖다보면 그것에 맞는 마음의 근육이 생기기 시작합니다. 아침에 일어나자마자, 잠자리에 들기 전, 시간 나는 대로 감사와 자비의 시간을 가지면, 이것이 마음에 새겨져 실제로 작은 일에도 감사하는 삶을 살게 됩니다. 물론 결코 쉬운 일은 아닙니다. 일상을 자기중심적 에고에 휘둘리며 살아왔고 살아가고 있으니까요. 그러나 조금씩이라도 자꾸 실천하면 반드시 굳게 닫혀 있던 심층의식의 출구를 열게 됩니다. 한 방울씩 떨어지는 물방울이 바위를 뚫는다는 것은 우리가 꼭 명심해야할 진리입니다. 마찬가지로 나쁜 마음도 자꾸 일어나다보면 정말 강력해지고, 나중에는 어찌할 수 없을 정도로 큰 힘을 발휘하게 됩니다. 반드시 마음에 새겨두어야 할 부분입니다. 우리 마음속의 어디에 먹이를 주느냐! 에고를 먹여 살릴 것인가, 진여를 살찌울 것인가!

감정이 일어날 때 한 박자 쉬고 반응하는 훈련도 꽤 효과적입니다. 감정, 특히 부정적 감정들은 고개를 들면 잠시의 틈도 주지 않고 바로 불같이 타오릅니다. 극히 짧은 순간에 폭발적으로 정점에 달하는 것이 (부정적)감정의 특징이죠. 그런 감정이 일어날 것 같으면 한 박자 쉬고 침을 꿀떡 삼켜 보십시오. 신기하게도 불타오르던 화염에 강력한 소화기를 퍼부은 냥 바로 수그러집니다. 물론 알아차림하면 더 좋습니다만, 알아차림할 겨를이 없는 경우에는 -폭발할 것 같은 감정에 쫓아가려는 갈망을 억누르고- 그냥 아무 생각 말고 침 한 번 삼키거나 숨 한 번 크게 몰아쉬라는 것입니다. 이 방법 역시 수차례 계속하면, 고삐 풀린 망아지처럼 날뛰던 (부정적) 감정이 저절로 약해지고 그것이 습관화되어 크게 효과를 보게 됩니다.

또 한 가지 꼭 명심해야할 중요한 것이 있습니다.

내가 어떤 사람인지 가장 잘 말해 주는 것은 혼자 있을 때입니다. 아무도 보고 있지 않을 때 나는 무엇을 하고 무엇을 생각하는가, 그것이 나의 가장 진실된 모습에 가깝습니다. 그렇다면 혼자 있을 때 마음속으로 하는 말이나 행동도 조심해야 함을 알 수 있습니다. 바로 자신이 보고 듣고 있으며, 그것이 습관이 되기 때문입니다. 자기도 모르는 사이에 자신의 마음을 병들게 하고 있는 것이죠.

이를 동양의 옛 학자들은 '신독(愼獨)'이라 하여 극히 중시하였습니다. 왜냐하면 타인들과 함께 있을 때는 예를 지키고 자신을 검속하지만, 혼자 있으면 온갖 부적절한 행동을 하거나, 어둡고 비열한 생각에 푹 빠져 지내는 경우가 많기 때문입니다. 이렇게 되면 그동안 마음가짐을 조심하고 명상을 지속해왔던 노력들이 모두 헛수고가 되어버립니다. 혼자 있을 때의 생각과 행동거지가 강한 습관을 형성하기 때문이죠. 그런데 혼자 있을 때는 그런 위험에 빠지기가 너무 쉽습니다. 보는 눈이 없다고 생각하기 때문이죠. 시간적으로도 여유가 있고요. 그래서 다시 강조하거니와 홀로 있을 때야말로 정말로 자신을 점검하고 조심해야 할 때입니다. 이때도 잘못된 행동이나 생각이 떠오르면 가차 없이 '멈춰'를 외치십시오 (물론 '알아차림'하면 더욱 좋습니다). 그리고 현재 하는 일에 온전히 주의를 돌리십시오.

마지막으로 당부하고 싶은 것은, 일상에서의 훈련이 효과를 보기 위해서는 좌정명상도 꾸준히 하면서 일상훈련을 병

행해야 한다는 점입니다. 좌정명상은 일상 조건과 동떨어진 환경에서 수행하는 것이긴 하지만, 그래도 집중적으로 훈련하기 때문에 몸과 마음에 각인시키는 효과가 매우 큽니다. 그래서 좌정명상이 필요한 것이죠. 그렇지 않으면 일상에서 '알아차림'이나 '호흡 집중'을 해도 이전 습관에 지고 말 것입니다. 결국 양자 모두 필요한 것입니다. 규칙적으로 고요하게 앉아서 명상수행을 하고, 일상에서 짬나는 대로 훈련을 하면 좋은 결과를 보게 될 것입니다.

한 가지만 더 말씀드리면, 2, 3일 길게는 일주일 정도의 집중수행(하루 대부분의 시간을 명상에 쏟는 것)을 하는 것도 매우 좋은 방법입니다. 집중과 알아차림 능력이 비약적으로 발전하게 되니까요. 매우 힘든 훈련이지만 시간이 허락한다면 꼭 해보시기 바랍니다.

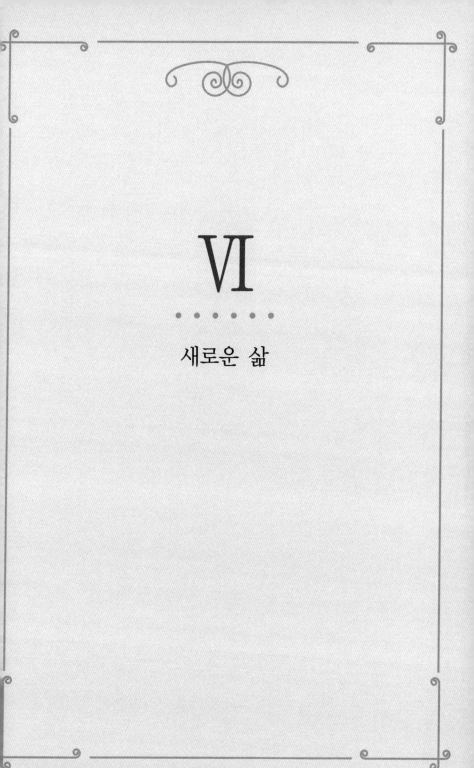

VI

· · · · · · ·

새로운 삶

바라건대, 내 삶에서 마주하는 모든 것들을 오로지 사랑과 배려와 공감으로 대할 수 있기를.

현실에서의 나는 바람과 다른 길을 걷고 있지만, 그럼에도 늘 이처럼 살아가고자 다짐합니다. 부질없는 바람으로 끝나지 않길 기원하면서.

왜 우리는 우리의 바람대로 살지 못하는 걸까요. 바람과 현실 사이에 도대체 무슨 일이 벌어지고 있는 걸까요. 남을 사랑하고 이해하고 공감하며 그들과 함께 평온한 삶을 살아가게 해주는 묘약은 없는 걸까요?

판타레이(Panta Rhei)! 모든 것은 변해갑니다.

집도 그릇도 식탁도 모두 변해갑니다. 그런데 그게 단지 낡아가는 것이 아니라, 더욱 품위 있고 격조 높은 모습으로 변해가기도 합니다. 흔히 '고색창연'이라는 말을 쓰기도 하지만, 그 우아하고 근사한 모습을 온전히 표현해내지는 못합니다. 사람도 그렇게 변해야 합니다. 단지 늙어가는 것이 아니라, 삶의 여정에서 나를 스치는 바람과 햇살, 아스라이 번져오는 별빛 그리고 사람들의 내음을 소중히 담아 정성스레 '인생'이라는 천을 짜가야 합니다. 그것이 '산다는 것'일 겁니다. 그래서 나는 젊은이의 생기발랄하고 미끈한 피부의 늠름한 모습도 아름답기 그지없으나, 나이든 사람에게서 나오는 여유와 부드러움, 그리고 남과 공감하는 품격에 더할 수 없는 감동을 느낍니다.

그러나 그렇게 살기가 점점 어려워집니다. 거기에는 현대 세계를 추동하는 두 축, '경제성장우선주의'와 '과학기술만능주의'가 한몫을 하고 있습니다. 우리는 세상을 움직이는 거대한 컨베이어벨트에 놓인 나사마냥 알 수 없는 힘에 이끌려 흘러갑니다. 거기에 **'나'**는 없습니다. 세상이 던져주는 틀로만 보고 판단합니다. 그런데 그 틀은 물질적 탐욕과 비교하는 마음, 조급한 마음 그리고 이로 인한 스트레스만 남겨주었습니다. 삶의 진정 중요한 부분은 경제발전이나 과학기술이 채워줄 수도 없고 해결해줄 수도 없습니다. 그것들은 단지 편의, 그것도 단기간적인 쾌락적 편의만을 가져다줄 뿐입니다.

끝없이 (경제)성장을 향해 질주해야 하고, 조금이라도 정체되면 스스로의 모순에 따라 붕괴되고 마는 자본주의 사회를 살아가는 우리들은 얼마나 괴로울까요? 끝없이 성적을 올리라는 부모의 잔소리를 듣고 사는 아이들의 삶을 생각해 보시면 바로 이해되실 겁니다. 아무리 성장이 이루어지고 인간의 편의를 제공하는 첨단 과학의 전리품이 넘쳐나도, 다시 또 한 발 성장을 거듭하기 위해 여전히 -그리고 평생- 피땀 흘리며 앞으로 진군해야 합니다. 성장우선주의에서는 늘 '내일'에 행복이 있습니다. 오늘은 치열한 경쟁 속에서 삶의 의미를 유예시키는 고통만이 있을 뿐이죠. 게다가 현재의 행복을 반납하고 기다리던 그 '내일'은 영원히 오지 않습니다.

발전이라는 미명하에, 더욱 편리한 삶을 제공해준다는 얄궂은 약속 하에, 우리는 참으로 아름답고 필요한 많은 것들을 내버리고 살았습니다. 밤하늘에 그렇게도 밝게 빛나던 수많은 별들은 모두 어디로 가버린 것일까요? 별들이, 벌레가, 풀들이 살지 못하는 세상은 우리 인간도 살지 못하는 세상입니다. 우리가 살 수 있는 세상, 살아야하는 세상은 어디일까요.

우리는 화나거나 짜증나는 이유가 남 때문이라고 생각하지만, 실은 잘못된 자기 마음의 습관 때문입니다. 그렇다면 습관화되어 자기도 모르게 튀어나오는 감정들을 어떻게 조절하고 통제할 수 있는가? 타인과의 조화, 타인에 대한 공감과 배려의 마음을 새롭게 습관화시키려면 어떻게 해야 하는가가 문제입니다. 그 답이 '명상'에 있습니다.

명상은 '알아차림'을 통해 반사적 반응을 늦추어줍니다. 빠르게 흐르는 마음은 점점 감정이 증폭되어 이내 폭발하고 맙니다. 이것을 늦추어 본래의 '있는 그대로'를 볼 수 있으면, 잘못된 마음의 습관이 변화하기 시작합니다. 명상이 진전될수록 내가 아닌 모든 것을 놓아버리고 자기 자신이 됩니다. 움켜쥐고 있던 욕심과 거기서 생겨나는 불안, 초조, 분노 등과 이별합니다. 세상은 여전히 예전처럼 흘러가지만 나는 새롭게 태어납니다. 변함없이 슬픔에 눈물 흘리고, 입이 찢어져라 웃고, 불의에 주먹을 불끈 쥐지만, 이제는 거기에 '집착'이 없습니다. 나와 세상 간의 함수표가 바뀐 것입니다.

손등과 손바닥을 나눌 수 없듯, 모든 것이 서로 엮여져 흘러가고 있음을 느낍니다. '나'를 잃는 대신 **'나'**를 얻습니다. 모든 것이 **'나'**와의 인연 속에서 무한히 이어져 갑니다. 사랑과 공감과 연민, 배려와 이해의 나날입니다. 가슴은 행복으로 충만합니다. 두려울 것도, 피할 것도, 바랄 것도 없습니다. 그저 '있는 그대로' 충분합니다.

삶은 그렇게 순간에서 순간으로 이어집니다. 이윽고 바람과 현실이 한 점으로 모아지고, 그렇게 살다 또 다른 삶인 '죽음'으로, 순간에서 순간으로 넘어갑니다. 명상은 참으로 바람과 현실을 한 점으로 모아주는 묘약입니다!

"먼, 아주 먼 옛날, 눈 덮인 히말라야. 그 산허리 어디쯤에
서 하얗게 뒤집어 쓴 눈을 아랑곳없이 명상에 잠긴 설인을
상상해본다. 그는 무엇을 구하고자 살을 에는 추위를 견디며
가부좌를 틀었을까? 그를 산 속으로 이끈 힘은 무엇이었을
까? 신을 영접하기 위함이었나, 아니면 날뛰는 감정을 고요
히 가라앉히기 위함이었을까? 어느 쪽이든 그는 마음을 고
요하게 하지 않으면 안 될 무언가가 있었을 게다. 마음을 깨
끗이 하기 위한 몸부림, 장자는 그것을 '심재' 즉 마음의 재계
라고 불렀다. 그 옛날 설인은 눈 덮인 산 위에서 마음을 재계
하고 있었으리라. 얼마나 간절했으면! 그 피를 이어받은 나
도 21세기 한 귀퉁이에서 마음을 재계하기 위해 두툼한 방석
위에 가부좌를 튼다."

명상에 관심을 가지기 시작한 것은 30여 년 전입니다만,
이런저런 사정으로 수행을 미루다 10여 년이 지난 뒤에야
처음으로 수행을 시작했습니다. 수행법을 배우기 위해 여기
저기 기웃거려 봤지만, 저랑 맞지 않아 책을 읽으면서 혼자

서 수행을 했던 모습이 눈에 선합니다.

그러나 시작한지 몇 년 후에 흐지부지되어버렸습니다. 당시 너무 바빠서 그럴 수밖에 없었다는 기억으로 남아있지만, 아마도 변명일 것입니다. 별로 효과가 나타나지 않는다는 조급증 때문이 아니었을까 추측해봅니다. 그러다 10여 년 전부터 다시 시작했습니다.

위에 쓴 글은 당시 새롭게 명상에의 의지를 다지며 썼던 글 중의 일부입니다.

늘 명상을 가슴에 품고 살아왔던 만큼 그것에 대한 갈증이 컸기 때문이기도 하겠지만, 삶에 너무 지쳐 있었던 것이 다시 시작하게 된 주요인이었던 것 같습니다. 내 의지와 무관하게 짜증도 불쑥 불쑥 튀어나오고, 오랜 세월 쌓인 스트레스도 더 이상은 못 버티고 터져 나올 것 같은 시기였지요. 이때도 역시 혼자 수행했지만, 방학 때는 모 사찰의 명상 강좌에 나가 도반들과 함께 수행하곤 했습니다.

워낙 지쳐 심신이 바닥을 치던 상태였기 때문일까, 아니면 명상에 대한 오랜 기다림 탓이었을까, 이번에는 명상의 효과가 조금씩 나타나기 시작했습니다. 명상이 즐거워지면서 나름대로 열심히 수행에 매진했고, 지금까지도 이어지고 있습니다.

명상은 황량하던 내 삶을 바꿔놓은 보석입니다. 날카롭게 갈려 시퍼런 날을 곤두세우던 마음을 부드럽게, 판단과 비판이 앞서던 차가운 마음을 여유롭고 따뜻하게 만들어주었습니다. 내가 이전보다 조금이라도 겸허하고 부드러워졌다면 그것은 명상이 제게 준 선물입니다.

그 보답으로 명상에 관한 글을 써보고 싶었습니다. 고민 끝에 시작을 했지만, 그게 생각처럼 쉽지 않았습니다. 오랜 작업과 퇴고 끝에 어설프나마 이제 겨우 끝을 맺게 되었습니다. 삶의 괴로움에서 벗어나 지속적 평안과 행복을 원하는 독자 여러분들께 이 책이 조금이나마 도움이 되었으면 하는 마음 간절합니다.

출판사 관계자 분들께 진심어린 감사를 드립니다. 덕분에 머릿속에서만 맴돌던 생각들이 활자화되어 세상에 선보이게 되었습니다. 이 과정에서 여러모로 조언과 도움을 주신 조연순 팀장님과 편집을 맡아주신 이현미 선생님께 특별히 고맙다는 말씀 드리고 싶습니다.

이 책을 완성할 수 있게 응원해준 사랑하는 어머니와 아내 그리고 두 아들에게 진심으로 감사드리며 두 손 모아 이 책을 올립니다.

2021년 1월 1일

[지은이 소개]

서강대학교 철학과 및 동 대학원 졸업.
일본 규슈(九州)대학교 중국철학과 졸업(박사).

현재 서경대학교에서 동양학 관계 강의.
저서로 『부의 철학-동양 전통사상의 눈으로 바라본 부와 행복』
이 있으며, 역서로 『일본양명학』, 『나 뛰어 넘을 것인가 깨어있
을 것인가』, 『양명선생유언록』외 다수.

호모메디타티오
명상하는 인간

초판 인쇄 2021년 4월 5일
초판 발행 2021년 4월 15일

지 은 이 l 정 지 욱
펴 낸 이 l 하 운 근
펴 낸 곳 l 學古房

주   소 l 경기도 고양시 덕양구 통일로 140 삼송테크노밸리 A동 B224
전   화 l (02)353-9908 편집부(02)356-9903
팩   스 l (02)6959-8234
홈페이지 l http://hakgobang.co.kr/
전자우편 l hakgobang@naver.com, hakgobang@chol.com
등록번호 l 제311-1994-000001호

ISBN 979-11-6586-270-1 93100

값 : 12,000원

※ 이 책은 2019년 대한민국 교육부와 한국연구재단의 지원을 받아 수행된 연구임
   (NRF-2019S1A5B5A07085687)

■ 파본은 교환해 드립니다.